D1664853

buch + digital

Zusätzlich zu diesem Buch erhalten Sie:

- die Web-App
- die PDF-Version zum Download
- die App für Ihr iPad
- alle Kapitel für Ihren Kindle

Hier Ihr individueller Freischaltcode:

CdV-xNa-Tr4

Um die digitalen Medien zu installieren, rufen Sie im Browser bitte folgende Seite auf:
www.symposion.de/freischaltcode

Agile Führung –
Vom agilen Projekt zum agilen Unternehmen

Herausgegeben von
Stefan Scherber, Michael Lang

Mit Beiträgen von

Jens Coldewey, Thorsten Janning, Hans-Peter Korn, Klaus Leopold,
Olaf Lewitz, Christoph Mathis, Christine Neidhardt, Ilja Preuss,
Sandra Reupke-Sieroux, Stefan Roock, Martin Talamona, Henning Wolf

symposion

Impressum
Agile Führung –
Vom agilen Projekt zum agilen
Unternehmen

Herausgeber
Stefan Scherber,
Michael Lang

Projektentwicklung
Markus Klietmann,
Symposion Publishing

Lektorat
Ursula Thum, Maria Ronniger

Satz
Karen Fleming,
Symposion Publishing

Druck
CPI buch bücher.de
Frensdorf

Umschlaggestaltung
Symposion Publishing

Photo
© Stauke – Fotolia.com

978-3-86329-674-2
1. Auflage 2015
© Symposion Publishing GmbH,
Düsseldorf
Printed in Germany

Redaktionelle Post bitte an
Symposion Publishing GmbH
Münsterstr. 304
40470 Düsseldorf

Bibliografische Information der Deutschen Bibliothek:
Die Deutsche Bibliothek verzeichnet diese Publikation
in der Deutschen Nationalbibliografie; detaillierte
bibliografische Daten sind im Internet über
http://www.ddb.de abrufbar.

Agile Führung –
Vom agilen Projekt zum agilen Unternehmen

Agile Methoden erfreuen sich wachsender Beliebtheit, nicht nur bei der Entwicklung von Software. Sie finden mehr und mehr auch in anderen Managementbereichen Verbreitung, zum Beispiel in der Projektarbeit oder bei der Entwicklung von Produkten.

Vielversprechend an den agilen Prinzipien ist die Aussicht, Ziele flexibler, unbürokratischer und mit weniger Regeln zu erreichen als bei klassischen Vorgehensweisen.

Allerdings: Noch beschränkt sich der Einsatz dieser Methoden auf einzelne Projekte oder Teams. Die vollen Potenziale entfaltet Agilität aber erst dann, wenn das ganze Unternehmen darauf ausgerichtet wird. Eine Ausweitung auf die gesamte Wertschöpfungskette ist geboten.

In diesem Buch untersuchen die Autoren – allesamt profunde Kenner und Anwender agiler Methoden –, welchen Nutzen agile Prinzipien in Führung und Management erzeugen und wie deren Skalierung auf das gesamte Unternehmen gelingt.

Sie zeigen,
⇨ wann eine Organisation wirklich agil ist,
⇨ was agiles von traditionellem Management unterscheidet,
⇨ wie der Rollenwechsel der Führungskraft vom Chef zum Coach gelingt,
⇨ wie Sie mit agilen Prinzipien und Methoden Ihr Führungsverhalten hinterfragen und verbessern können.

Dieses Buch macht deutlich: Agile Prinzipien sind keine simplen Schablonen, die Effizienzsteigerung quasi automatisch herbeiführen, sondern sie erfordern einen Kulturwandel des Unternehmens. Dabei gewinnen alle Beteiligten: Mitarbeiter werden autonomer und ihre Organisationen erfolgreicher.

Über Symposion Publishing

Symposion Publishing ist ein Verlag für Management-Wissen und veröffentlicht Fachbücher und digitale Medien. Für die meisten Bücher gilt:

Symposion-Buchkunden erhalten – ohne Aufpreis – auch die digitale Ausgabe für PC, MAC, iPad & andere Geräte.

www.symposion.de

Agile Führung –
Vom agilen Projekt zum agilen Unternehmen

2. Skalierung – Agilität im Großen

Herausgeber und Autoren

Herausgeber

MICHAEL LANG
Dr. Michael Lang ist als Führungskraft bei einem der größten IT-Dienstleistungsunternehmen Europas tätig. Zudem ist er Lehrbeauftragter für Projekt- und IT-Management sowie Herausgeber von über zehn Fachbüchern. Herr Dr. Lang studierte Wirtschaftsinformatik an der Universität Bamberg und promovierte im Bereich des IT-Managements an der Universität Erlangen-Nürnberg. Vor seiner aktuellen Tätigkeit war er unter anderem als IT-Inhouse-Consultant bei einem internationalen Unternehmen der Automobilindustrie beschäftigt.

STEFAN SCHERBER
ist leitender Berater für Softwareentwicklung bei der DATEV eG, dem IT-Dienstleister für Steuerberater, Rechtsanwälte und Wirtschaftsprüfer. Er hat 25 Jahre Erfahrung in der Entwicklung von Softwarearchitekturen für unterschiedliche Plattformen und Technologien. Dabei liegt sein Schwerpunkt in der Entwicklung von serviceorientierten Plattformarchitekturen für ERP- und CRM-Systeme. Zudem ist Herr Scherber aktiver Nutzer und Vermittler agiler Methoden wie Scrum (Certified Scrum Master) und Kanban.

Autoren

JENS COLDEWEY
ist Principal Consultant bei der improuv GmbH in München und beschäftigt sich seit 1998 mit agilen Verfahren. Er arbeitete an dem »Supporting Agile Adoption Program« der Agile Alliance mit, in deren Vorstand er 2003 vertreten war. Seit 2008 ist er zudem Senior Consultant der Agile Project and Project Management Practice des Cutter Consortiums, Boston. Jens Coldewey hat an einer Reihe agiler Transitionen in Unternehmen aller Größenklassen mitgewirkt.

THORSTEN JANNING
Dr. Thorsten Janning ist Diplom-Mathematiker und seit 1990 in der IT-Branche tätig. Sein beruflicher Werdegang führte ihn als IT-Architekt und Projektleiter über verschiedene Beratungs- und Anwenderunternehmen sowie eine Hochschulprofessur in die Geschäftsführung eines Systemintegrators. Als Managementberater und Mitgründer der KEGON AG berät und publiziert Herr Dr. Janning erfolgreich zu den Themen moderne Architekturen, Projektmanagement und effiziente Organisationen.

HANS-PETER KORN
Dr. Hans-Peter Korn ist Inhaber der Schweizer Beratungsfirma KORN AG und arbeitet als Consultant, Coach und Trainer für agiles Management, Leadership und Teamwork. Als promovierter Physiker war er zunächst in verschiedensten Linien- und »klassischen« Projektleitungsfunktionen im Großanlagen-Engineering tätig, dann im Informatikbereich (kommerzielle Großsysteme der Finanz- und Transportindustrie). Seit 1998 konzentriert er sich auf die sozialen Aspekte von Veränderungs-, Kooperations- und Kommunikationsprozessen in Unternehmen und komplexen Projekten.
Veröffentlichungen unter: http://www.korn. ch/publi.html#Publikationen

KLAUS LEOPOLD

Dr. Klaus Leopold, Informatiker und Kanban-pionier, ist Trainer, Lean- und Kanban-Coach. Er begleitet Unternehmen weltweit bei der Einführung von Lean und Kanban, bei den damit verbundenen Change-Prozessen und berät sie zur Optimierung ihrer Wertschöpfung. Auf der Konferenz »Lean Kanban North America« wurde er 2014 mit dem Brickell Key Award für »outstanding achievement and leadership« im Bereich Lean und Kanban aus-gezeichnet. Seine Gedanken und Erlebnisse teilt er auf www.klausleopold.com.

OLAF LEWITZ

»You deserve to love what you do.« Als Trust Artist schafft Olaf Lewitz Räume, in denen Vertrauen wachsen darf – Vertrauen in uns selbst und andere. Er ist Certifed Scrum Coach. Scrum und Temenos verwendet er als Rahmen, in denen die Teilnehmer Vertrauen und Offenheit lernen, Bewährtes infrage stellen und Neues ausprobieren dürfen.

CHRISTOPH MATHIS

ist Agiler Coach, Mentor und Trainer mit langjähriger Erfahrung mit agilen Transforma-tionen. Als geschäftsführender Gesellschafter der Münchner improuv GmbH berät er Firmen bei der Einführung und produktiven Umsetzung von Scrum in großen Organisatio-nen und agilen Prozessen.

CHRISTINE NEIDHARDT

»Es braucht Mut, sich selbst zu begegnen.« Seit 2000 unterstützt Christine Neidhardt Menschen und Unternehmen, ihre Stärken zu leben. Sie schafft Räume und lädt ein, Muster, die nicht mehr hilfreich sind, loszulassen und sich anzunehmen. Mit ihrer Arbeit hilft sie Unternehmen, eine wertschätzende Unter-nehmenskultur weiterzuentwickeln, die Trans-parenz, Lernen und Kreativität fördert.

ILJA PREUß

Seit der Jahrtausendwende wendet Ilja Preuß agile Ansätze an und führt selbige in Unter-nehmen ein. Nach Tätigkeiten als Entwickler und Scrum Master für diverse Unternehmen arbeitet er seit 2010 als Coach für die it-agile GmbH. Dort hilft er Kunden, agile Werte und Prinzipien zu verstehen und in die Praxis um-zusetzen. Dabei interessiert er sich sowohl für die Strukturen von agilen Organisationen, als auch für die ganz persönlichen Veränderungs-prozesse von Mitarbeitern.

SANDRA REUPKE-SIEROUX

ist seit Ende der 90er Jahre in Sachen Agilität unterwegs. Sie arbeitet als agile Coach für die it-agile GmbH in Hamburg. Begeistert unter-stützt Sandra Reupke-Sieroux Unternehmen aller Größen dabei, sich auf agile Arbeitsweise und Unternehmensführung umzustellen.

STEFAN ROOCK

ist Geschäftsführer bei der it-agile GmbH, die seit 2005 agiles Gedankengut im deutsch-sprachigen Raum verbreitet. Seit 1999 setzt Stefan Roock agile Methoden ein und arbei-tete als Softwareentwickler, Scrum Master und Product Owner in agilen Teams. Dabei sammelte er Erfahrungen mit Scrum, Kanban, Extreme Programming und Feature Driven Development. Heute finden Unternehmen es am wertvollsten, wenn Stefan Roock sie vom ersten agilen Pilotprojekt bis hin zu ganzen Unternehmenstransitionen berät.

MARTIN TALAMONA

leitet bei der Bison Schweiz AG die Software-entwicklung mit 150 Mitarbeitenden in der Schweiz und Russland. Die Zusammenarbeit mit Menschen und die damit verbundene Teamdynamik begleiten ihn seit Beginn seiner Laufbahn. Ob als Netzwerkspezialist, Softwareentwickler, Projektleiter oder Füh-rungskraft, immer waren für ihn Themen wie Kommunikation, Verantwortung und Mut der Schlüssel zum Erfolg. Im engen Korsett einer Wasserfall-Prozesslandschaft vermisste er davon ziemlich alles und entschloss sich daraus auszubrechen. Bei der Bison Schweiz AG gilt

er als die prägende Figur hinter dem Wechsel
zu einer agilen Organisation.
http://www.talamona.ch

HENNING WOLF
Diplom-Informatiker Henning Wolf ist einer
der Gründer und Geschäftsführer der it-agile
GmbH aus Hamburg. Er arbeitet als Certified
Scrum Trainer und agiler Managementcoach.
Henning Wolf hilft Unternehmen bei der Einführung agiler Methoden für die Softwareentwicklung, die Agilisierung der Organisation
und beim Umgang mit hoher Ungewissheit.

Vorwort

In den vergangenen Jahren ist die Popularität agiler Methoden in der IT stark gewachsen. Viele Unternehmen erleben heute ein geschäftliches Umfeld, das durch eine stetig zunehmende Komplexität gekennzeichnet ist. Die Anforderungen an eine kurze Time-to-Market und flexible Reaktion steigen stetig.

Diese Entwicklungen verdeutlichen, dass »Agilität« kein Selbstzweck ist und sich nicht nur auf IT-Abteilungen in Unternehmen beschränken sollte. Gerade Agilität eröffnet eine große Chance zu notwendiger Flexibilität, eine Fähigkeit, die angesichts immer schneller verändernder Rahmenbedingungen immer wichtiger wird. Agilität wird zur geschäftsrelevanten Eigenschaft von Unternehmen.

Von agilen Vorgehensweisen profitieren viele Unternehmen bereits heute. In den meisten Fällen ist der bisherige Einsatz von agilen Prozessen jedoch auf einzelne Projekte oder Teams beschränkt.

Die vollen Potenziale von Agilität können aber erst dann freigesetzt werden, wenn es gelingt, auch alle weiteren Abteilungen des Unternehmens auf Agilität auszurichten. Erst eine Ausweitung (Skalierung) der Agilität auf die gesamte Wertschöpfungskette bringt den Erfolg.

In der Praxis zeigt sich, dass die Verankerung von agilen Prozessen und Denkansätzen im gesamten Unternehmen an sehr verschiedenen Stellen greifen muss. Typischerweise ergibt sich dabei u. a. folgender Anpassungsbedarf:
⇨ ein Wandel der Unternehmenskultur in Richtung einer offeneren Fehlerkultur,
⇨ eine Übertragung von mehr Verantwortung und Selbstorganisation auf Teams,
⇨ die Änderung der Tätigkeitsschwerpunkte von Führungskräften zur Schaffung der Rahmenbedingungen, die erfolgreiches agiles Arbeiten ermöglichen,
⇨ ein Rollenwechsel der Führungskraft »Vom Chef zum Coach«,

⇨ die Einführung von neuen Rollen,
⇨ die Modifikation der Vergütungs- und Bonifizierungssysteme.

Bereits diese Aspekte machen deutlich, dass die Ausweitung von Agilität auf das Unternehmen im Sinne einer »Agilen Skalierung« mit vielfältigen, teils kontroversen Herausforderungen für das Management und die Führung von Mitarbeitern verbunden ist.

Ich freue mich daher, dass in diesem Buch elf erfahrene Experten wertvolle Hinweise geben, wie Sie in Ihrem Unternehmen den nächsten Schritt der agilen Skalierung vollziehen können.
Ich wünsche Ihnen viel Spaß beim Lesen des Buches und viel Erfolg beim Umsetzen der darin beschriebenen Best Practices.

FRANZ JOSEF NAGLER
Mitglied der Geschäftsleitung,
Leiter der internen Datenverarbeitung und Organisation
DATEV eG

1. Agile Führung und Kultur

Der agile Manager

Als Manager schaffen Sie eine lernende Organisation und sorgen für Dialoge auf Augenhöhe zwischen allen Ebenen. Sie führen Experimente durch, um Ihre Organisation an neue Gegebenheiten anzupassen. Sechs Beispiele aus der Praxis zeigen, wie Führungskräfte den Wandel zur Agilität vollzogen haben.

In diesem Beitrag erfahren Sie:
- was agiles Management von traditionellem unterscheidet,
- wie Sie es einführen können und
- warum Ihnen dadurch ein Wettbewerbsvorteil entsteht.

Henning Wolf, Ilja Preuss, Sandra Reupke-Sieroux

Warum brauchen Sie agiles Management?

Die Gründe für die Einführung von agiler Softwareentwicklung sind vielfältig: Reaktionsschnelle in dynamischen Umfeldern, effektivere Steuerung der Entwicklung von innovativen Produkten, Attraktivität für Mitarbeiter, die Verantwortung übernehmen wollen, höhere Produktivität und Qualität.

Häufig liegt der Fokus dabei auf der Agilisierung der Entwicklungsteams. Wir sehen aber immer wieder, dass erst die Organisationen, die den Wandel auch auf ihre Führungsmannschaft ausweiten, das volle Potenzial von Agilität entfalten. Denn zum einen nehmen Sie als Manager durch Ihr Verhalten großen Einfluss auf das Verhalten der Entwicklungsteams. Wenn Sie die gewünschte Kultur vorleben, etabliert sie sich auch in den Teams. Zum anderen können Sie gerade durch Innovationen im Management – also bezüglich der Frage, wie

Ihr Unternehmen strukturiert ist und geführt wird – einen erheblichen Wettbewerbsvorteil erlangen. Betrachten Sie Toyota oder den dm-Drogeriemarkt – das sind nur zwei von vielen Unternehmen, deren Erfolg an Managementinnovationen festgemacht werden kann.

Was ist agiles Management?

In einer agilen Organisation sollen die Businessteams zügig auf den Markt reagieren können. Dafür müssen diese selbst Entscheidungen im Sinne der Organisation treffen können. Die Aufgabe eines agilen Managers ist daher, die Teams in die Lage zu versetzen, selbst Probleme zu lösen und Entscheidungen zu treffen, statt dies für sie zu tun. Dafür schafft er eine Umgebung, in der Dialog und kontinuierliches Lernen stattfinden. Wir sprechen auch davon, dass sich die Unternehmenspyramide auf den Kopf stellt – das Management dient den Businessteams, damit diese besser autonom Wert schöpfen können.

Durch das kontinuierliche Lernen und die damit verbundenen Änderungen ändern sich ständig die Anforderungen an das Management. Die Führungskräfte wenden daher das agile Prinzip *Inspect & Adapt* auf das Managen der Organisation selbst an. Sie arbeiten mit Experimenten in kurzen Feedbackzyklen und ersetzen so periodische Reorganisationen durch kontinuierliches Arbeiten an Strukturen und Prozessen.

Beispiele aus der Praxis

Die folgenden sechs Beispiele zeigen eine Auswahl von Erfahrungen, die wir in den letzten 15 Jahren mit agilem Management gemacht haben. Sie stellen keine Patentrezepte dar, die eins zu eins in jedem Unternehmen sinnvoll einzusetzen sind. Lassen Sie sich vielmehr vom Mut und Vertrauen der Führungskräfte zu eigenen Experimenten inspirieren.

Entscheidung über Sprintlänge bei Agfa HealthCare HCIS

Wie kann man eine unternehmensweite Entscheidung leichtgewichtig gemeinsam treffen? Wie kann man dabei möglichst viele Aspekte berücksichtigen?

Kontext
Sebastian ist Head des Agile Office bei Agfa HealthCare HCIS und damit zusammen mit seinen Kollegen unter anderem für die Moderation der agilen Softwareentwicklungs- und -wartungsprozesse zuständig. Die etwa 40 Teams sind auf fünf Standorte in drei Ländern verteilt und arbeiten gemeinsam an einem hochkomplexen Produkt für den internationalen Markt. Die Integration der verschiedenen Komponenten und Technologien ist kritisch für den Unternehmenserfolg.

Was geschah
Es war wieder Zeit für das Treffen des Leadership-Teams. Auf der Agenda stand unter anderem die Frage: »Wie lang sollen die Sprints sein?« Einige Teams und der anwesende Lead-Architekt plädierten aufgrund der hohen Rüstzeiten dafür, die praktizierten zwei Wochen auf drei zu verlängern. Normalerweise würde jetzt in der Führungsrunde eine Entscheidung getroffen werden.

Sebastian war es jedoch wichtig, alle Betroffenen miteinzubinden. »Es gibt noch andere Argumente zu berücksichtigen als technischer und Meeting-Overhead. Wenn wir hier auf Widerstände stoßen, haben wir im schlimmsten Fall gar keine Software auszuliefern.« Er bekam das Okay der Runde, mit dem Agile Office den Entscheidungsprozess auf eine breite Basis zu stellen.

Sebastian und seine Kollegen besuchten die Treffen der Scrum Master an den verschiedenen Standorten, um das Thema zu erörtern. Die Resonanz war durchwachsen – von Unverständnis über den getriebenen Aufwand über Dankbarkeit dafür, gehört zu werden, bis hin zu Zweifeln, ob am Ende nicht doch wieder »die dort oben« entscheiden würden.

Die Scrum Master einigten sich darauf, in allen Teams über das Thema zu sprechen und Vor- und Nachteile für die verschiedenen Sprintlängen zu erörtern. Die Ergebnisse sammelten sie im Intranet. Schnell wurde klar, dass es weit mehr Vorteile bei einer Sprintlänge von zwei Wochen gab.

Nach vier Wochen war die Zeit reif für die Entscheidung. Sebastian und seine Kollegen setzten im Wiki eine Onlineabstimmung auf, und ein Großteil der Kollegen nahm daran teil. Mit einer deutlichen Mehrheit von 80 % stimmten die Teams für die aktuelle Sprintlänge von zwei Wochen. Diese Entscheidung wurde vom Leadership-Team akzeptiert, an alle Beteiligten kommuniziert und umgesetzt. Sie wurde ohne Murren angenommen, es gab keine wieder aufflammenden Diskussionen.

Seither schickt Sebastian am Anfang jeden Jahres eine E-Mail mit dem zweiwöchigen Sprintrhythmus an alle Teams, mit der Erinnerung, dass die Entscheidung jederzeit gemeinsam durch Diskussionen geändert werden kann. Es gibt erste Ideen, den Zyklus auf eine Woche zu verkürzen, aber noch nicht genug Befürworter, um eine Entscheidung dafür anzustoßen.

Das Vorgehen hatte auch einen Leuchtturmeffekt – die Mitarbeiter hatten erlebt, dass sie mitreden und -gestalten dürfen. Seither hat insbesondere die Scrum-Master-Community viele weitere Entscheidungen von kleinerem Umfang auf ähnliche Art und Weise getroffen.

Konkrete Praxis
Überlegen Sie bei wichtigen und weitreichenden Entscheidungen, welche Personenkreise von ihr betroffen sind und sie »ausbaden müssen«. Beziehen Sie möglichst viele dieser Personen aktiv und gleichberechtigt in die Entscheidungsfindung mit ein.

Bevorzugen Sie dabei den persönlichen Kontakt. Elektronische Werkzeuge können Sie dabei unterstützen, Ergebnisse festzuhalten oder z. B. Abstimmungen auch über die Entfernung zu tätigen. Sie können aber nicht den Dialog von Angesicht zu Angesicht ersetzen.

Fazit

Wenn wir Mitarbeiter als Erwachsene behandeln, die Konflikte untereinander austragen, statt den Konflikt auf den Chef abzuwälzen, können diese bessere Entscheidungen treffen, als das in zentralen Gremien
möglich ist. Wenn wir in ein gemeinsam geschaffenes Verständnis
investieren, verschwindet die Notwendigkeit, die Entscheidung immer
wieder infrage zu stellen. Sie kann damit effektiv umgesetzt werden.

Stakeholder-Management bei pressrelations

Wie kann man bei vielen Anforderungen und Ideen von verschiedenen Seiten sinnvoll priorisieren? Wie kann man Stakeholder dabei
unterstützen, auch bei schwierigen und unliebsamen Entscheidungen
mitzugehen?

Kontext

pressrelations bietet Dienstleistungen rund um Beobachtung und
Analyse von Presse und Medien. Fady ist der Leiter für das Dutzend
Entwickler der hausinternen Software. Um des Entwicklungsprozesses
Herr zu werden, hat er Chris ins Haus geholt und mit ihm zusammen
ein agiles Vorgehen eingeführt. Einer der ersten Schritte, um die Anforderungen zu bündeln, war die Einführung eines zwei Mann starken
Priorisierungsgremiums: der »JJ-Kanal«. Die Stimmung zwischen Entwicklungsabteilung und Stakeholdern in der Firma ist aber weiterhin
angespannt.

Was geschah

Die Stimmung war von Skepsis durchsetzt: »Die Entwicklung ist nicht
schnell genug.« – »Was machen die den ganzen Tag?« Immer wieder
waren solche Äußerungen zu hören. Und immer wieder versuchten
einzelne Lektoren, ihre Anforderungen am JJ-Kanal vorbei doch noch
unterzubringen. Als Chris wieder im Haus war, sprach Fady mit ihm
über die Situation in der Firma. »Warum macht ihr nicht einfach einen
Marktplatz?«, schlug Chris vor. »Dort könnt ihr gemeinsam schauen,

wic ihr die Interessen der Stakeholder unter einen Hut bekommt und dabei auch noch eure strategische Ausrichtung im Auge behaltet.«

»Klingt gut. Warum nicht?« Drei Wochen später war es so weit. Vertreter aller Disziplinen des Hauses – Lektoren, Analysten, Medienservice, Entwickler und Management Board – trafen sich. Die Skepsis unter den Anwesenden war groß. Als sie in die Besprechung kamen, wussten sie nicht, was sie erwarten würde. Chris übernahm die Moderation. Nachdem Fady die mittelfristige Firmenvision vorgestellt hatte, durften die anderen Teilnehmer in die Diskussion einsteigen. Sie bekamen etwas Zeit, ihre Themen und Ideen, die sie gerne umgesetzt haben wollten, auf Post-its zu sammeln. Dann hatte jeder die Gelegenheit, seine eigenen vorzustellen und für diese zu werben – zu erklären, warum es wichtig war, die Idee umzusetzen. Alle Ideen wurden an einer großen Wand gesammelt.

Schnell wurden anhand einer ersten Größenanordnung Preise für die Projekte vergeben und jeder bekam die gleiche Anzahl Euro, um in die Projekte zu investieren, die ihm am aussichtsreichsten erschienen. Dabei hatte niemand genug Spielgeld, um sein wichtigstes Projekt allein zu kaufen – es wurde klar, dass die Entwicklungskapazität kleiner war, als die Teilnehmer sich das gewünscht hätten. Chris ermutigte die Teilnehmer zu verhandeln. Zunächst zögerlich wurden Budgets zusammengelegt und es wurde um Querfinanzierung geworben. Die Stakeholder begannen, die Wichtigkeit der Projekte im Vergleich zueinander zu bewerten, und nach 20 Minuten hatte man sich auf die zwei wichtigsten Projekte für die nächsten zwei Monate geeinigt.

Auch in den Wochen nach dem ersten Marktplatz blieb die anfängliche Skepsis im Unternehmen bestehen. Mit der Zeit legte sie sich jedoch, und nach einem Jahr und sechs Marktplätzen nahmen auch das übrige Management Board und der Vertrieb an den Events teil. Und Fady freute sich: Die Klagen waren verstummt, denn jetzt war allen klar, dass einige Themen nicht umgesetzt werden können – und auch warum.

Heute heißt der Marktplatz »Prioplatz«, um das Gefühl von Konkurrenz rauszunehmen – schließlich geht es nicht darum zu gewinnen oder zu verlieren, sondern darum, eine gemeinsame Richtung einzuschlagen. Und wo Fady früher oft in Besprechungen gesessen hat, um selbst die richtigen strategischen Entscheidungen zu treffen, ist er heute mehr damit beschäftigt, Erwartungen zu managen und anderen zu helfen, sich auf den Marktplatz vorzubereiten. Dabei ermutigt er Stakeholder, die eigene Idee wichtig genug zu nehmen, und hilft ihnen, diese Idee so weit vorzubereiten, dass sie marktplatzfähig wird. Das braucht manchmal viel Geduld und kann nerven. Aber Fady findet, dass es sich lohnt, und würde das Instrument heute nicht mehr missen wollen.

Für die Zukunft plant Fady, im Marktplatz keine Entscheidungen mehr treffen zu lassen. Vielmehr möchte er das Format nutzen, um die Stakeholder zu konsultieren und Entscheidungen transparent zu machen.

Konkrete Praxis

Messen Sie Ihre Umsetzungskapazität und organisieren Sie die Umsetzungsprojekte so, dass sie die Kapazität bestmöglich für die Gesamtorganisation nutzen.

Nutzen Sie Formate für eine regelmäßige Planung, bei der alle Stakeholder direkt miteinander kommunizieren können. Schaffen Sie mit partizipativen Formaten ein gemeinsames Verständnis für den Zusammenhang zwischen Ihrer Kapazität und Ihrer Firmenstrategie, sodass Konkurrenz in gemeinschaftliches Handeln umgelenkt werden kann.

Das von pressrelations benutzte Verfahren ist stark durch das Innovation Game [1] »Buy A Feature« inspiriert. Experimentieren Sie mit Formaten, die zu Ihrer Situation passen. Holen Sie sich dafür Inspiration von Experten und erfahrenen Anwendern.

Fazit

In einer funktionierenden Organisation gibt es immer mehr gute Ideen als Kapazität, diese umzusetzen. Spannungen und Unzufriedenheit sind deshalb häufig direkte Konsequenz. Diese Spannungen lassen sich am besten lösen, indem wir den Stakeholdern direkten Einblick in die Kapazität und die Bedürfnisse der Mit-Stakeholder gewähren. Viele der Priorisierungskonflikte können sie bereits gut untereinander lösen – oder zumindest dem Unternehmen wertvolle Informationen für die interne Priorisierung mit auf den Weg geben.

Strategietag bei digital GmbH

Namen auf Wunsch der Beteiligten geändert.

Wie kann eine neue Firmenstrategie in die tägliche Praxis übertragen werden? Wie vermittelt man das Vorhaben der Belegschaft und nimmt sie mit auf die Reise?

Kontext

digital ist ein mittelständisches Unternehmen, das DataWarehouse- und Reporting-Lösungen im Umweltsektor auf Basis eigener Softwareplattformen entwickelt und betreut. Kürzlich hat der Geschäftsführer – Hubert – zusammen mit seinem Managementteam und einem externen Berater eine neue Marktstrategie entworfen.

Was geschah

Die neue Firmenstrategie war dem Management klar. Klar war aber auch, dass, um sie umzusetzen, die gesamte Belegschaft an einem Strang ziehen musste. Hubert wusste, dass sein Mitarbeiter Ilja sich mit partizipativen Formaten beschäftigte. Vielleicht hatte der eine Idee.

Das Thema war wichtig genug, um ihm einen ganzen Tag zu widmen. Und wenn seine Kollegen sich danach an der Kaffeemaschine über die Strategie und deren Einfluss auf ihre Arbeit unterhielten, wäre es ein gut investierter Tag. Ilja konnte Hubert überzeugen, es mit dem Open-Space-Format zu probieren: *Open Space Technology* (siehe auch [2] ist eine Methode zur strukturierten Moderation großer Gruppen. Inhaltlich geht es dabei sehr offen zu: Die Teilnehmer stellen eigene Themen der Gruppe vor, sodass ein Open-Space-Marktplatz entsteht.

Über diesen findet sich zu jedem Thema eine kleine Gruppe, die sich dazu austauscht und am Ende das Ergebnis für alle präsentiert. So können in kurzer Zeit viele Ideen für konkrete Maßnahmen entstehen. Ilja hat sehr gute Erfahrungen damit gemacht, vor allem, weil dieses Vorgehen offenbart, wie viel Energie und Engagement für bestimmte Themen vorhanden ist – eine für das Management sehr wertvolle Erkenntnis.

Einen Monat später traf sich die ganze Firma im schicken Jagdschlösschen des Schlossparks: angeregte Gespräche, Füßescharren und Stühlerücken, hier und da ein Lachen bei Kaffee und belegten Brötchen. Hubert und seine Kollegen aus dem Management präsentierten die neue Strategie. Danach gab es eine kurze Umbaupause und alle packten mit an.

Ilja stimmte die Belegschaft auf das den meisten unbekannte Format ein. Er erläuterte die selbstbestimmte Arbeitsweise und eröffnete den Marktplatz. Die ersten beiden Themen kamen noch etwas zögerlich, dann brach der Damm: Die Ideen purzelten wie von selbst und in Windeseile gab es 27 Themen. Sie reichten von der Identität der Firma über Auswirkungen auf Vertrieb und Qualitätssicherung bis hin zu der Frage, wie jeder persönlich seinen Platz in der Strategie finden kann. Nach einem kurzen Verhandeln über das Tauschen von Räumen und Zeiten machte sich jeder auf in die erste Arbeitsgruppe seiner Wahl.

Der Tag verlief in angeregten Diskussionen in Gruppen von zwei bis zwölf Kollegen. Jede dieser Runden erstellte ein Flipchart mit den Diskussionsergebnissen und hängte es in einer Galerie auf. Und so fand die abendliche Abschlussrunde umrahmt von den Ergebnissen des Tages statt. Alle hatten einen großartigen und produktiven Tag erlebt. Wie aber konnte man den Geist dieses Tages in die tägliche Arbeit mitnehmen? Noch vor Ort beschloss man, es mit einem kontinuierlichen Themenmarktplatz zu probieren, den man wöchentlich organisieren wollte.

Hubert war mehr als zufrieden. Das Engagement der Mitarbeiter hatte ihn überwältigt, und er hatte weit mehr als das gelegentliche Gespräch an der Kaffeemaschine bekommen: eine Struktur, um die

Auseinandersetzung mit der Strategie am Leben zu halten – entstanden und entschieden aus der Belegschaft.

Konkrete Praxis

Open Space Technology ist ein gutes Format, um ein Thema in einer großen Gruppe zu bearbeiten und dabei auf Selbstorganisation und Eigenmotivation zu setzen. Es eignet sich für fünf bis mehrere Hundert Teilnehmer und für Tagungen von wenigen Stunden bis zu einer Woche Dauer.

Andere Formate, die sich für komplexe Themen eignen, sind z. B. World Café und Fish Bowls. Sie ermöglichen den Teilnehmern, ihre eigenen Fragestellungen und Ideen auch in größeren Gruppen konstruktiv einzubringen. Ein erfahrener Moderator kann dabei helfen, ein passendes Format auszuwählen und erfolgreich mit Leben zu füllen.

Fazit

Mit den richtigen Formaten können auch große Gruppen mit unterschiedlichen Perspektiven in einen konstruktiven Dialog gehen und sich persönlich mit einem Thema verbinden. Sie nutzen vorhandene Energien, um eine Agenda entstehen zu lassen, die die Identifikation mit dem Thema und die Übernahme von Verantwortung fördert. Auf diese Weise erreichen Sie eine schwungvolle, gemeinsame Ausrichtung.

Zudem muss der Organisator der Tagung sich nicht mehr abmühen, eine Agenda zu erstellen, die möglichst viele Beteiligte motiviert, sondern kann sich darauf konzentrieren, einen Rahmen zu schaffen, in dem sich vorhandene Eigenmotivation entfalten kann.

Teamschnitt bei der Wizard Software GmbH

Namen auf Wunsch der Beteiligten geändert.

Wie ändern sich die Erwartungen von agilen Teams an Führung? Wie kann ich als Führungskraft damit umgehen?

Kontext

Marc ist seit sieben Jahren Entwicklungsleiter für die ERP-Systeme bei der Wizard Software GmbH. Als sie 2012 die Benutzerschnittstelle neu entwickeln wollten, standen Marc und seine Abteilung vor einer Herausforderung: Sowohl die Anforderungen als auch die Technologie waren zu unvertraut, um die Umsetzung mit ihrem bisheriges Wasserfallvorgehen anzugehen. Sie beschlossen, Scrum für sich auszuprobieren und dafür die Hilfe von Norbert, einem Scrum-Berater, in Anspruch zu nehmen. Das neue Vorgehen konnte sie mit seinen Vorzügen schnell begeistern. Beim Ausrollen auf die gesamte Abteilung wollten sie nun die Teams neu zusammenstellen, um den Anforderungen der Zusammenarbeit in Scrum besser gerecht zu werden.

Was geschah

Marc und seinen Kollegen war klar, dass sie sich mit Scrum auf ein Experiment auf für sie unbekanntem Gebiet eingelassen hatten. Sie vertrauten daher auf Norbert, und so versammelten sich 40 Mitarbeiter – Entwickler, Scrum Master, Teamleiter und natürlich Marc selbst – im Großraumbüro zu einem Workshop.

Zurückhaltend, dicht gedrängt, aber durchaus produktiv tauschte die Mannschaft Argumente und Kriterien aus und erarbeitete und bewertete Alternativen. Als die Zeit für die Entscheidung kam, war diese binnen weniger Minuten getroffen – ein Schock für einige Teilnehmer, da nicht alles bis ins letzte Detail diskutiert werden konnte.

Nach der Entscheidung krempelten alle motiviert die Ärmel hoch, rückten Schreibtische umher und schafften so Raum für die vier neuen Teams. Marc und sein Kollege Uwe – früherer Teamleiter, jetzt Scrum Master – waren zufrieden: Alle waren motiviert bei der Sache, jeder war dabei. Kein Streufeuer von Unzufriedenen störte das rege Treiben und gemeinsam wurde die weitere Umsetzung der Benutzerschnittstelle angegangen.

Ein Jahr lang ging es produktiv und reibungsarm weiter. Dann änderten sich die Anforderungen – mal wieder. Marc und Uwe waren sich einig, dass es nun ein fünftes Team geben musste, mit einem neuen Fokus. Gemeinsam arbeiteten sie die neue Aufteilung aus: Aus zwei Teams würden sich die Mitglieder für das neue Team rekrutieren. Den fertigen Plan stellten sie den Mitgliedern der beiden betroffenen Teams vor, um sich Feedback einzuholen.

»Das ergibt so schon Sinn, aber warum habt *ihr* das entschieden? Ich dachte, wir machen so was jetzt anders?« Die Teams konnten die Entscheidung inhaltlich nachvollziehen und hätten sie vielleicht ähnlich gefällt. Doch durch Scrum hatte sich eine andere Erwartung an die Führung entwickelt und der Rückfall in die alten Managementgewohnheiten hatte die Mannschaft irritiert, sodass sich alle fragten, welche Spielregeln nun eigentlich galten.

Marc und Uwe akzeptierten die neuen Erwartungen an ihren Führungsstil. »Beim nächsten Mal machen wir das wieder anders. Wie genau, wissen wir noch nicht. Live and learn.« Auf jeden Fall waren sie sich sicher, dass sie betroffene Teams von Anfang an an derartigen Entscheidungen beteiligen wollten.

Konkrete Praxis

Wenn Sie ein Problem lösen wollen, dann »gehen Sie zum Problem« (oder – wie die Lean-Bewegung von den Japanern übernommen hat – zum Gemba, dem Ort des Geschehens). Gehen Sie an die Arbeitsplätze der betroffenen Kollegen, reden Sie mit ihnen, beobachten Sie. Dadurch bekommen Sie einen viel besseren Eindruck, erhalten relevante Informationen und bauen stärkere Beziehungen auf, als das je durch geschlossene Meetingraumtüren geschehen wird.

In einem zweiten Schritt lassen Sie sich auf das Wagnis ein, einen gemeinsamen Dialog zu schaffen. Ihre Mannschaft wird Sie vielleicht überraschen.

Fazit

Bei Wizard ist auch auf der Managementebene die agile Philosophie von kontinuierlichem Lernen und Verbessern angekommen. Und so war die Teamentscheidung nur ein Beispiel des Kulturwandels hin zu einem Dialog auf Augenhöhe zwischen allen Beteiligten. Mit der Zeit wandelten sich Grabenkämpfe zwischen Teams und Produktmanagement zu einem konstruktiven Dialog.

Organisation des Vertriebs bei it-agile GmbH

Wie führt man große Veränderungen ein? Was tut man, wenn man sich übernommen hat?

Kontext

Die it-agile GmbH war über die Jahre von zehn auf 25 Mitarbeiter gewachsen. Geschäftsführer und Prokurist konnten den Vertrieb nicht mehr allein stemmen. Gleichzeitig waren Kollegen zunehmend unzufrieden mit den ihnen zugewiesenen Jobs; sie wollten größeren Einfluss.

Was geschah

»Es wäre doch optimal, wenn die verfügbaren Jobs auf einem Marktplatz angeboten werden würden. Dann könnte sich jeder das und die Menge herauspicken, für die er Energie hat und die er erledigen kann.« So weit die Theorie. Wir erstellten ein Kanban-Board mit über 17 Spalten von der ersten Anfrage eines Kunden bis zur Abrechnung der Leistung. Jeder Kollege konnte hier »ziehen«, um den Vertrieb zu übernehmen: mit dem Kunden telefonieren und den konkreten Bedarf ermitteln. Oder in späteren Spalten Interesse signalisieren, den Job beim Kunden durchzuführen.

Eine Weile schien das zu funktionieren – es wanderten Tickets über das Board, es wurden Angebote geschrieben, Jobs vergeben. Aber was tun, wenn keiner die Kundenanfrage in angemessener Zeit zieht? Was, wenn kein Kollege den Job haben will, selbst wenn er unterbeschäftigt ist? Außerdem bildete das Board auch nicht die notwendige Chancengenerierung ab, sodass wir diese aus den Augen verloren.

Erfolgsverwöhnt wie wir waren, dauerte es eine Weile, bis wir bemerkten, dass das Vorgehen uns nicht den nötigen wirtschaftlichen Erfolg bescherte. Und so bildeten wir ein kleines und schlagkräftiges zentrales Vertriebsteam. Es sollte für die nicht ausgelasteten Kollegen nach passenden Aufträgen suchen, was mit großem Einsatz auch sehr gut gelang. Doch wir konnten und wollten uns nicht dauerhaft auf das Heldentum weniger verlassen. Und das Problem mit dem Unmut über zugewiesene Jobs war noch nicht gelöst.

Uns wurde klar: Es ging nicht nur um eine andere Organisation des Vertriebs, sondern um die Frage von Verantwortung für ausreichend Kundenaufträge. Wir führten Businessteams ein, denen wir die Verantwortung für den Vertriebserfolg übertrugen. Diese kleinen Einheiten sollten selbst bestimmen, wie sie die Vertriebsaufgaben aufteilen und wahrnehmen wollten. Es musste in der Breite klar werden, dass Aufträge nicht vom Himmel fallen und alle ihren Teil der Verantwortung übernehmen müssen.

Teams und Mitarbeiter waren gerne bereit, die Verantwortung zu übernehmen. Die meisten hatten sich damit allerdings übernommen. Es fehlte an Ausbildung oder Anleitung, wie man der neuen Aufgabe gerecht werden könnte.

Aktuell setzen wir auf Koordination und zentrale Angebote an die Teams. So kann heute jedes Team Vertriebscoaching oder auch konkreten Vertriebsbedarf bei einem kleinen zentralen Vertriebsteam anfragen. Noch wichtiger aber ist: Das gemeinsame Lernen über den Vertrieb ist teamübergreifend organisiert. So muss nicht jeder Mitarbeiter oder jedes Team alle Erfahrungen selbst machen.

Wir scheinen auf einem Erfolg versprechenden Weg zu sein. Lag vor einem Jahr die Last des Vertriebs noch auf vier Schultern, sind es heute zehn. Doch es ist zu früh für ein endgültiges Urteil.

Konkrete Praxis

Überlegen Sie bei großen Veränderungen, wie Sie sie in kleinen Schritten einführen und testen können. Geben Sie Ihren Mitarbeitern Zeit und Unterstützung, neue Fähigkeiten und Verantwortungen zu erlernen. Rechnen Sie mit Rückschlägen – sie sind fester Bestandteil von *Inspect & Adapt*.

Fazit

Wir neigen manchmal zu Extremen. Vielleicht sind wir auch ungeduldig. Dabei liegt wohl in den meisten Fällen die Antwort in der (goldenen) Mitte – oder zumindest in kleinen Schritten.

Neben der Größe der Veränderung spielt es auch eine Rolle, wie wir diese Veränderung vorbereiten und begleiten. Fähigkeiten zur Übernahme neuer Verantwortung müssen erst erlernt werden und werden zuweilen auch unterschätzt.

Gehaltschecker bei it-agile GmbH

Welches Gehalt ist gerecht? Wie beurteilt man den Nutzen der Kollegen für die Firma? Wie zufrieden sind die Kollegen mit den Gehältern? Wohl kaum ein anderes Thema kann für so viel Gesprächs- und Zündstoff sorgen wie das Thema »Gehalt«.

Kontext

Seit Gründung haben wir in der it-agile GmbH feste Gehaltsstufen. Gehälter sind für alle einsehbar; jeder weiß, auf welcher Gehaltsstufe seine Kollegen stehen. Nach jahrelangen Versuchen, Karrierestufen über einen Anforderungskatalog zu beschreiben, hatten wir das als nicht zielführend erkannt. Letztlich bestimmen einfach zu viele unterschiedliche Aspekte den Wert eines Kollegen für die Firma.

Was geschah

Mai 2012, Werkheim Hamburg. Es war kleiner Tuningtag – eine der wenigen Gelegenheiten im Jahr, zu der alle Kollegen der Firma zusammenkommen. Die intensive Begegnung mit dem Ringen um Ideen, wie wir unsere Firma weiterbringen, war in vollem Gange. Für den Nachmittag gab es einen gesonderten Agendapunkt: das Thema »Gehaltsfindung«.

Wir hatten bereits einen langen Weg beschritten. Anfänglich war es wie in den meisten kleinen Firmen: Der Geschäftsführer führt jährlich Personalgespräche und entscheidet über die Einstufung. Mit zunehmender Zahl von Mitarbeitern wurde die Last auf mehrere erfahrene Schultern verteilt: bei uns die Seniorberaterrunde.

Doch nur selten hatten die vier Seniorberater Gelegenheit, mit den zu bewertenden Kollegen wirklich zusammenzuarbeiten. Woher also sollten sie den Input für eine faire Entscheidung bekommen? Wir hatten in den vergangenen Monaten viel mit strukturiertem Feedback von Kollegen, Peergroups (Bei it-agile sucht sich jeder Mitarbeiter mindestens drei Kollegen, die ihn als »Peergroup« bei der Weiterentwicklung unterstützen) und Kunden experimentiert.

Jetzt berichteten die Seniorberater, dass sie weiterhin nicht zufrieden waren mit ihrer Arbeit zu diesem Thema. Das gelieferte Feedback war gut; so gut, dass sie ihm nicht zuletzt aus Zeitmangel eigentlich immer folgten. Das Thema jedoch war zu wichtig, um nur mit halbem Herzen verfolgt zu werden. Ihr Vorschlag: Wir wählen für ein Jahr ein Gremium von vier Kollegen mit dem Auftrag: »Legt die Gehälter der Kollegen fest, nutzt dafür den Input der Peergroups.« In der ersten Iteration sollten zwei Seniorberater dem Gremium angehören, damit sie ihre Erfahrungen weitergeben konnten. Der Vorschlag wurde nach nur kurzer Diskussion angenommen.

In den kommenden zweieinhalb Jahren passierte einiges: Die Gehaltschecker bekamen den Zusatzauftrag, auch den Prozess der Gehaltsfindung zu verbessern, um die Mitarbeiterzufriedenheit zu erhöhen. Jedes halbe Jahr probierten sie einen leicht geänderten Prozess aus – vom Crowdsourcing bis zur zentralen Entscheidung – und holten sich dann Feedback zur Auswirkung auf die Zufriedenheit.

Aktuelles Konstrukt Gehaltschecker

Heute werden weiterhin vier Gehaltschecker von den Mitarbeitern für jeweils ein Jahr gewählt. Der Auftrag lautet nach wie vor: »Legt die Gehälter der Kollegen fest und verbessert den Gehaltsfindungsprozess.« Als oberstes Gebot streben wir Gehaltsgerechtigkeit an: Die Kollegen sollen sich im Verhältnis zu anderen Kollegen fair eingestuft sehen.

In der aktuellen Gehaltsrunde wird von Kollegen, die eine Höherstufung möchten, erwartet, dass sie den Gehaltscheckern einen Bericht liefern, warum diese gerechtfertigt sei. Wichtigster Input ist die Konsultation von Kollegen, aber auch andere Quellen wie Kundenfeedback sind erwünscht. Die Gehaltschecker stellen im Wesentlichen sicher, dass genügend Meinungen eingeholt wurden, um die Entscheidung zu rechtfertigen.

Wir haben Mitte 2014 Erfahrungen aus insgesamt fünf Gehaltsrunden, und die Zufriedenheit der Kollegen mit der Gehaltsfestlegung und den Gehältern ist messbar gestiegen. Aber auch mit diesem Konstrukt sind nicht alle ganz zufrieden.

Konkrete Praxis

Beginnen Sie einen Dialog mit und zwischen Ihren Mitarbeitern, um herauszufinden, was sie als gerechte Gehälter empfinden würden. Für sinnvolle Gespräche müssen Sie meistens die Transparenz über die Gehaltsentscheidungen erhöhen. Versuchen Sie, durch Experimente herauszufinden, wie Sie das tun können, und beobachten Sie, welche Auswirkungen die jeweiligen Lösungen auf die Zufriedenheit Ihrer Mitarbeiter haben.

Fazit

Kollegen können die schwierige Aufgabe der Gehaltsfestlegung übernehmen. Sie erzielen gemeinsam als Team gute Ergebnisse und ihre gemeinsame Einschätzung wird in Summe als fairer empfunden. Der Aufwand in Stunden ist höher als bei einer Chefentscheidung, aber der Chef wird dadurch entlastet und kann seine Zeit sinnvoll für anderes verwenden.

Was Sie tun können

Wie Sie an den Geschichten sehen können, ist der Dialog – der Austausch auf Augenhöhe – ein zentrales Thema für den agilen Manager. Fließen die wesentlichen Informationen in alle Richtungen? Wo fehlt Transparenz? Welche Art von Austausch benötigen wir? Haben wir eine produktive Konfliktkultur? Das alles sind Fragen, die Sie als agiler Manager sich selbst und anderen in Ihrer Organisation immer wieder stellen und deren Beantwortung Sie mitgestalten.

Suchen Sie nicht nach der perfekten Lösung – selbst wenn es sie gäbe, würde sie sich ständig ändern. Beginnen Sie jetzt mit einem Experiment, um mehr über Ihre Situation und mögliche Lösungen zu lernen. Seien Sie sich dessen bewusst, dass Ihre Experimente fehlschlagen können und werden, und stellen Sie sicher, dass Sie sich das leisten können. Haben Sie aber keine Scheu vor scheinbar schwierigen Themen – mit kleinen Schritten können Sie auch diese bewältigen.

Holen Sie sich ständig Feedback dazu, wie Sie und Ihre Experimente wirken. Nutzen Sie dabei Ihr breites Spektrum an Kontakten: Mitarbeiter, Partner, Kunden, externe Experten.

Suchen Sie Verbündete, mit denen Sie Ideen wälzen und Erfahrungen austauschen können. Sie und Ihre Mitstreiter im Unternehmen können sich gegenseitig unterstützen, die notwendigen Veränderungen anzuführen. Und Gleichgesinnte aus anderen Organisationen können Ihnen neue Impulse liefern und moralisch den Rücken stärken. Sie finden diese bei agilen Stammtischen, (Un-)Konferenzen und in Netzwerken wie StoosNetwork.org oder intrinsify.me.

Und denken Sie immer daran, was Albert Einstein einmal gesagt hat: »Wer noch nie einen Fehler gemacht hat, hat sich noch nie an etwas Neuem versucht.«

Literatur

[1]   *http://en.wikipedia.org/wiki/Innovation_game*

[2]   *http://de.wikipedia.org/wiki/Open_Space*

Zusammenfassung

Die Agilisierung eines gesamten Unternehmens verschafft Wettbewerbsvorteile. Einerseits erhöht das Vorleben der agilen Werte die Wahrscheinlichkeit, dass diese Kultur auf allen Ebenen einzieht. Andererseits erlaubt die agile Organisation ein schnelles Reagieren auf Veränderungen. Agiles Management heißt vor allem, dass sich ein Manager als Dienstleister für seine Mitarbeiter bzw. Teams versteht, der sie in die Lage versetzt, selbst Entscheidungen zu treffen und Probleme zu lösen. Dafür schafft er Raum für Dialog und kontinuierliches Lernen, lebt selbst das agile Prinzip *Inspect & Adapt* vor, scheut Fehler nicht und arbeitet durch Feedback ständig an der Verbesserung bzw. Anpassung von Strukturen und Prozessen. Wenn Mitarbeiter als Erwachsene behandelt werden und durch eigene Entscheidungen das Unternehmen mit steuern, können Maßnahmen effektiv – und durch alle gestützt und verstanden – umgesetzt werden. Das gegenseitige Verstehen der unterschiedlichen Bedürfnisse in einer Organisation führt zu einem größeren Verständnis bei Entscheidungen. Agile Manager sorgen für den Dialog auf Augenhöhe, der für eine lernende Organisation unabdingbar ist.

High-Performance-Teams führen

Die Leistungsfähigkeit von Teams von Wissensarbeitern hängt in hohem Maße von der Bereitschaft und der Fähigkeit ab, gemeinsam Verantwortung zu übernehmen. Damit avanciert die Entwicklung von Personen und Fähigkeiten zu einem zentralen Element der Führungskompetenz.

In diesem Beitrag erfahren Sie:
- wie Wissensarbeiter geführt werden sollten,
- dass Motivation nicht dauerhaft von außen induziert werden kann und
- wie wichtig es ist, anspruchsvolle, aber erreichbare Ziele und Maßstäbe zur Selbstbewertung zu setzen.

CHRISTOPH MATHIS

Wissensarbeiter führen

Wissensarbeit hat zwei Aspekte, die bei der Arbeit mit klassischen Leitungsmethoden ziemlich große Kopfschmerzen bereiten:

⇨ Leiter führen oft Menschen, die über ein Thema besser Bescheid wissen als sie selbst.

⇨ Der Erfolg der Arbeit hängt in hohem Maße von der Initiative, Zusammenarbeit und damit der Motivation dieser Personen ab.

Daraus ergeben sich tief gehende Konsequenzen für den Stil der Führung, die Beziehung der Leiter zu ihren Mitarbeitern und die Struktur der Organisation insgesamt.

Besonders schwierig wird es für das Bild des Leiters als Superheld, der jederzeit weiß, was vor sich geht, mehr technisches Wissen hat als alle anderen und jedes Problem selbst lösen kann. Je weiter eine Organisation skaliert, desto mehr wird dies zum Problem: Ein Superheld wird keinen Erfolg dabei haben, Mitarbeiter zu führen, die ebenso viel oder mehr wissen als er selbst.

Dieser Beitrag beschreibt daher mögliche Leitungsstile und ihre Effektivität im Umfeld von Wissensarbeit und zeigt, dass der Entwicklung von Teams und Personen dabei eine zentrale Bedeutung zukommt.

Menschen und Teams

Persönliche Skills zur Zusammenarbeit

In der agilen Entwicklung arbeitet ein Teammitglied mehr mit anderen zusammen als in der konventionellen Entwicklung. Dies umfasst:
⇨ Zusammenarbeit als ein Team
⇨ Einbeziehen des Kunden in den Prozess
⇨ Mitarbeit an Features des Produkts

Damit ergibt sich neben einer effektiveren Arbeit auch mehr Transparenz für alle Beteiligten. Es ergeben sich neue und höhere Anforderungen an die Fähigkeit zur Zusammenarbeit und spezifische notwendige soziale Skills wie z. B.:
⇨ *Aktives Zuhören:* Aktives Zuhören ist die Fähigkeit, sich auf die Kommunikation mit einer anderen Person zu fokussieren – verbal und nonverbal.
⇨ *Effektives Fragen:* Die Fähigkeit, gute Fragen effektiv zu formulieren, hilft uns, neues Wissen in unser mentales Modell der Welt zu integrieren – oder auch dabei, unser Modell zu verändern.
⇨ *Logisch argumentieren:* Beim Präsentieren einer Idee oder einer Meinung ist es wichtig, diese logisch abzuleiten, um die Essenz zu finden und abzusichern.
⇨ *Respektieren der Kollegen:* Respekt heißt, einen Schritt von den eigenen Überzeugungen zurückzutreten und zuzugestehen, dass die Meinung des anderen ebenfalls legitim ist.

⇨ *Hilfe anbieten:* Hilfe anzubieten und dann auch zu leisten, gehört zusammen.

⇨ *Teilen und mitteilen:* Teilen heißt, wir teilen unser Wissen, unsere Kenntnisse oder Ressourcen. Im Team ist Teilen darauf gerichtet, dass es dem Team hilft, die gemeinsamen Ziele zu erreichen.

⇨ *Partizipieren und teilnehmen*

Über solche Soft Skills sollten heute also nicht mehr nur Führungspersonen, sondern alle Mitarbeiter verfügen. Die Teams und die Leiter der Teams müssen den Raum und die Motivation geben, diese Skills weiterzuentwickeln.

Der Weg zum Hochleistungsteam

Die einzelnen Teammitglieder müssen die genannten Fähigkeiten erwerben und entwickeln. Um effektiv zusammenzuarbeiten, muss sich das Team finden, die Teamrollen verteilen und gegenseitigen Respekt entwickeln.

Die besten Teams sind im Zustand eines »Flow«, sie haben ein intuitives Verständnis für die Arbeit und die gemeinsame Vorgehensweise erreicht. Sie haben eine gemeinsame Vision und wollen gemeinsam Erfolg haben.

Team-Flow
Teams brauchen Zeit, um sich zu bilden – nicht jede Gruppe von Personen, die die gleiche Luft atmen, ist ein Team. Ein Team braucht Zeit, sich kennenzulernen, eine gemeinsame Arbeitsweise zu entwickeln und sich aufeinander zu verlassen.

Team-»ba«
Der Teamgeist (»ba«) ist die innere Energie als Selbstverständnis des Teams – »wir, unsere Arbeit und unsere Energie«. Diese Energie bringt neue Visionen hervor, wird gestützt von Selbstorganisation und braucht Leiter, die dem Team die Autonomie zugestehen, seine Entscheidungen selbst zu treffen.

Stabile Teams

Ein Team im *Flow* und mit *ba* hat ungeahnte Reserven in der Produktivität und Innovation. Ein Unternehmen sollte deshalb versuchen, eingespielte Teams stabil zu halten und nicht immer neu zusammenzusetzen.

Zeit zur Verbreiterung des Wissens reservieren

Kopfmonopole gefährden den Projekterfolg: Die jeweiligen unentbehrlichen Mitarbeiter können im Zweifelsfall nicht einmal mehr in Urlaub fahren. Kopfmonopole neigen dazu, sich zu verfestigen. Da der Kollege die wichtigsten und anspruchsvollsten Aufgaben übernimmt, bekommt er auch die beste Weiterbildung.

Deshalb sind Techniken wie *Pair Programming* oder allgemein *Pair Work* nicht nur ein Werkzeug, das gegenseitige Verständnis zu fördern, sondern auch ein zentrales Mittel zur Verbesserung der Gesamtperformanz des Teams, zur Wissensverbreitung und zur Risikominimierung.

Was motiviert Menschen?

Die Hauptströmung von Belohnungssystemen beruht heute auf der Annahme, dass Belohnungen erwünschtes Verhalten verstärken, Bestrafungen es schwächen. Die Grundlage dafür ist in der behaviouristischen Hauptströmung der Psychologie der 1950er-Jahre zu suchen. Inzwischen hat sich aber gezeigt, dass dieser direkte Zusammenhang nur bei mechanischen Tätigkeiten besteht. Wenn eine Tätigkeit höhere kognitive Fähigkeiten erfordert, wirken direkte Anreize nur kurzfristig und sind unter Umständen sogar kontraproduktiv [1]. Wissensarbeit funktioniert nur wirklich gut mit einer intrinsischen Motivation der Mitarbeiter.

Voraussetzung für Motivation schaffen

Gemeinsames Ziel
Geben Sie dem Team ein Ziel vor, um den Teammitgliedern eine gemeinsame Orientierung und den Teamgeist zu geben. Dazu gehört eine Richtung, aber kein konkreter Zielpunkt:

⇨ Diese Richtung muss auf jeder Ebene der Organisation gefunden werden.

⇨ Beteiligen Sie das gesamte Team an der Formulierung dieses Ziels.

⇨ Achten Sie darauf, dass dieses Ziel mit den Aktivitäten des Teams verbunden und mit den Zielen der Gesamtorganisation kompatibel ist.

⇨ Das Ziel sollte auch klären, was die Grenzen in den täglichen Teamentscheidungen sind, also in welchem Rahmen sich das Team selbst organisiert.

Können (Mastery)
Organisationen lernen in Teams [2]. Das gilt insbesondere in einem Bereich, in dem Lernen integraler und oft auch der für den Erfolg und die Effektivität kritische Bestandteil der Arbeit ist.

Um erfolgreiche Teams zu haben, ist also die beste Investition Ihrer Zeit als Führungsperson, die Teams mit der Energie, Selbstorganisation, dem Fokus auf Wissen und Lernen auszustatten und das Teilen von Erfahrungen zu fördern.

Dazu brauchen die Teams neben der klaren Zielrichtung und einer Vision die Freiheit zur Umsetzung dieser Vision, d. h. einen hohen Grad an Autonomie.

Autonomie
Motivation braucht Entscheidungsfreiheit und eine Umgebung, in der jede Meinung zählt. Daher:

⇨ Geben Sie einen Teil der Verantwortung ab – das ist neben den kurzen Entscheidungswegen ein weiterer Grund dafür, dass Ent-

scheidungen auf der tiefstmöglichen Hierarchiestufe getroffen werden sollten.
⇨ Erzeugen Sie ein Klima, in dem jeder gegenseitig Ratschläge einholt und man sich gegenseitig beeinflusst.
⇨ Ermutigen Sie die Mitarbeiter, ihre eigenen Interessen zu thematisieren, sich an gemeinsamen Problemlösungen zu beteiligen und zu verhandeln, Kompromisse zu schließen und eine gemeinsame Lösung zu suchen.

Produktvision
Eine gemeinsame Produktvision ist ein sehr starker Motivator, mit dem ein Team auf eine gemeinsame Richtung eingeschworen werden kann.

Gleichzeitig ist die Produktvision eine starke Unterstützung, um sicherzustellen, dass die einzelnen Features und die Aktivitäten dazu maximal zum Erfolg beitragen.
⇨ Entwickeln Sie eine Produktvision und verfeinern Sie diese gemeinsam mit den Stakeholdern und dem Team – Ziel ist es, die beste Vision mit der Aneignung (Ownership) durch alle Beteiligten zu verbinden.
⇨ Verfeinern Sie diese Vision, z. B. in einem Workshop zu Erstellung einer »Story Map«.
⇨ Visualisieren Sie kontinuierlich die Beziehungen zwischen der Entwicklung der Story Map und den Backlogs des Programms und der einzelnen Teams, sodass der Sinn und der Wertbeitrag durch das Team sichtbar werden.
⇨ Untersuchen Sie kontinuierlich Alternativen, stützen Sie diese ggf. mit Experimenten und analysieren Sie bewusst den letztmöglichen Zeitpunkt (»last responsible moment«), zu dem eine Entscheidung getroffen werden muss. Das ist gleichzeitig der Zeitpunkt, zu dem die meisten Informationen vorliegen und damit die Grundlagen für die beste Entscheidung bestehen.

Lernen und Wissensmanagement

Scrum wurde von Jeff Sutherland unter direktem Einfluss des bekannten Artikels »The new new product development game« von Takeuchi und Nonaka [3] entwickelt. Nonaka ist einer der führenden Theoretiker der Organisationsentwicklung nach dem zweiten Weltkrieg. Er hatte aber nie etwas mit Softwareentwicklung zu tun.

Dieser Artikel nennt Scrum auch nicht in Zusammenhang mit Softwareentwicklung, sondern mit einer bestimmten Führungs- und Wissenskultur. Durch das gemeinsame parallele Arbeiten an einem Thema wird nicht nur die Bearbeitung beschleunigt, sondern es ergeben sich ganz andere Formen der Interaktion und Organisationsentwicklung.

Der interessante Teil ist hier der direkte Zusammenhang zwischen Kooperationsform, Lernen und Umgang mit Instabilität bzw. Überraschungen.

Dieser Teil ist auch hier für unsere Diskussion der Motivation wichtig: Motivation muss in der realen Beteiligung und einem tatsächlichen Zusammenhang mit dem Unternehmenserfolg begründet sein.

Vertrauen und Zusammenarbeit im Führungsteam

Ein Führungsteam, in dem elementares Vertrauen fehlt, wird mit Sicherheit nicht nur ineffektiv arbeiten, sondern auch gemischte Signale an die Mitarbeiter senden. Dies macht es sehr schwer, ein überzeugendes Ziel zu vermitteln, und macht durch die mangelnde konsistente Unterstützung auch das Ziel selbst unglaubwürdig. Mitarbeiter werden dadurch sehr schnell demotiviert und meist auch in die politischen Grabenkämpfe hineingezogen.

Ein Führungsteam mit einer glaubwürdigen gemeinsamen Vision ist eine unerlässliche Voraussetzung für eine konsistente Orientierung aller Mitarbeiter an den gemeinsamen Zielen und einer effektiven Organisation.

Ein Motivations-Toolkit für Teams

Motivation kann man, wie schon gesagt, nicht von außen herstellen – aber man kann als Führungskraft die Voraussetzungen verbessern, damit sich das Team zusammenfindet und eine starke Motivation entwickelt.

Jeder Mensch und jedes Team ist anders, bestimmte Muster kann man aber bei Wissensarbeitern immer wieder beobachten. Hier ist ein kleiner »Baukasten«, der sich aus diesen Mustern ableitet:

1. Überzeugendes Ziel

Richtung und Ziel müssen überzeugend sichtbar, anspruchsvoll und erreichbar sein. Dann kann man daraus eine innere und dauerhafte Motivation ziehen. Kurz gesagt: Sie geben dem Team die Möglichkeit, stolz auf ihre Arbeit zu sein.

2. Klare Autorität über den eigenen Arbeitsprozess

Nichts wirkt sich so demotivierend auf kreative und innovative Arbeiten aus wie detaillierte Vorgaben und ein falsches Verständnis von Effizienz. Neben dem klaren Ziel ist eine hohe Autonomie über die Art der Umsetzung ein wirksames Verstärkungsmittel für Motivation.

3. Klare Rahmenbedingungen

Für das Team und den Einzelnen müssen die Grenzen der eigenen Kompetenz klar kommuniziert werden. So verhindert man frustrierende Konflikte und Missverständnisse sowie verschwendete Energie auf vorgegebene Bedingungen, die sich nicht verändern lassen.

4. Stabilität

Ein Team braucht Stabilität über einen gewissen Zeitraum, um überhaupt zum Team zu werden und seine Zusammenarbeit zu organisieren und zu verbessern. Teams sollten zusammenbleiben – zu starke Fluktuation oder das häufige Zusammenwürfeln von Teams ist ein sehr teures Hobby für eine Organisation.

5. Vertrauensvolles Feedback zu Ergebnissen

Für eine Weiterentwicklung ist eine Teamkultur nötig, die vertrauensvolle und konstruktive Kritik ermöglicht. Wenn Kritik nicht als Gelegenheit zum Lernen und zur Weiterentwicklung genutzt werden kann, dann ist nicht nur die Weiterentwicklung des Teams gefährdet, sondern auch die Zusammenarbeit insgesamt schwer behindert.

6. Interdependenz

Interdependenz ist die gegenseitige Abhängigkeit im Team. Sie ist die Voraussetzung dafür, dass Teammitglieder auch Einblick in die Aktivitäten der anderen haben, daraus lernen und diese im Notfall unterstützen können. Das ist die Voraussetzung für eine erfolgreiche Zusammenarbeit, Lieferfähigkeit und ein gutes Risikomanagement.

7. Investieren in das Teambuilding

Die Zusammenarbeit eines Teams darf nicht dem Zufall überlassen werden, sondern sollte regelmäßig Gegenstand der Aufmerksamkeit sein. Das Team sollte auch konsistent Zeit und die Möglichkeit haben, in die Zusammenarbeit zu investieren.

Führungsstile

Alignment und Compliance

Klassisches Management (Taylorismus) betont eine strikte Trennung von Planung und Ausführung und normalerweise auch die Zuteilung an verschiedene Personen bzw. Rollen. Die Ausführenden sind gehalten, Anweisungen zu befolgen. Wenn dies nicht möglich ist, muss man eskalieren. Wenn sie ohne Grund von diesen Anweisungen abweichen, drohen Sanktionen. Im englischen wird dafür der Begriff »Compliance« verwendet.

In den 1980er-Jahren wurde die Begrenztheit dieser Art von Führung erkannt und eine Anzahl neuer Führungsstile entwickelt, einschließlich sehr weitgehender Formen von partizipatorischer Führung.

Insbesondere die Ausprägung des »Servant Leader« ist zum Leitbild für Scrum-Teams geworden und prägt stark den Diskurs in der Führung agiler Teams. Allerdings zeigt sich, dass dieses Bild von Führung/Selbstorganisation nicht unverändert an größere Umgebungen angepasst werden kann:

⇨ Größere Gruppen von Menschen, d. h. mehr als zehn bis zwölf Personen, funktionieren anders als kleinere Teams. Daraus ergibt sich die Notwendigkeit, Mechanismen und Strukturen zur Kommunikation zu entwickeln.

⇨ Der Kommunikationsaufwand wird überwältigend groß, wenn man keine geeignete Segmentierung des Systems und der beteiligten Gruppen findet.

⇨ Änderungen im System erfordern stabile Schnittstellen, um eine definierte Arbeitsgrundlage zu schaffen.

⇨ Lieferzuverlässigkeit und Vorhersehbarkeit der gesamten Entwicklung nehmen einen zunehmend hohen Stellenwert ein.

Die Ansätze aus Scrum mit Teamgrößen von bis ca. zehn Personen können für größere Gruppen nicht unverändert übernommen werden. Es führt auch kein Weg zu den tayloristischen Methoden der Arbeitsorganisation zurück.

Eine Lean-/Agile-Arbeitsumgebung erfordert ständige Anpassung an neue Anforderungen und das ständige Aufdecken neuer Möglichkeiten zur Verbesserung. Dies kann nicht ausschließlich von außen bzw. von oben getrieben werden, nur die Ausführenden selbst haben genug Informationen, um schnell genug Verbesserungen zu identifizieren. Motivation dafür wird also zum zentralen Performance-Faktor und es wird wichtig, dass alle in dieselbe Richtung ziehen. Im Englischen wird dies durch den Begriff »Alignment« charakterisiert.

Die Aufgabe von Führungskräften verschiebt sich also von der externen Motivation (Belohnung und Sanktionen) hin zu einer Stärkung der inneren Motivation.

Stil: Der Experte

In Technologieunternehmen ist der Experte ein häufig anzutreffendes Bild. Der Experte/Leiter ist ein Techniker und er wurde befördert, weil er der Beste in seinem Umfeld war.

⇨ Er löst Probleme, seine Kollegen kommen zu ihm mit der Erwartung, Antworten zu erhalten.
⇨ Er ist weiterhin technisch und auf die Problemlösung fokussiert.
⇨ Er versteht die Technologie, die Problemstellung und das System.

Dieser Stil funktioniert, wenn der Leiter mehr Wissen als seine Mitarbeiter hat, wenn diese relativ autonom mit wenig Koordinierungsaufwand arbeiten und wenn Ausnahmen und Notfälle mit seinem Wissen zu bewältigen sind.

Probleme treten auf, wenn sich die Technologie aus seinem Kenntnisbereich bewegt.

Dieser Stil fördert auch nicht die Weiterentwicklung seiner Mitarbeiter, er behindert eher das Lernen durch Dominanz. Sein Fokus liegt auch nicht auf der Arbeit mit seinen Mitarbeitern und menschlichen Faktoren, sondern auf dem Lösen technischer Probleme.

Stil: Der Dirigent

Der Dirigent als Leiter ist der zentrale Entscheidungsträger, das Nervenzentrum und der Koordinator aller Aktivitäten.

⇨ Er koordiniert alle Teile der Organisation in ein harmonisches Ganzes.
⇨ Er greift auf alle Personen, Teams und Abteilungen durch.
⇨ Er verwendet oft auch mehr oder weniger subtile Manipulation, um seine Ziele zu erreichen.

Dieser Stil ist oft in komplexen Situationen mit vielen Abhängigkeiten und politischen Organisationen anzutreffen, in denen die Beteiligten viele verdeckte Agenden haben. Er wirkt dann am besten, wenn eine gute Koordination die Voraussetzung für die Performance der Organisation ist.

Das Problem bei diesem Stil ist, dass die Notwendigkeit zur Kontrolle eine selbsterfüllende Prophezeiung ist. Die Mitarbeiter konzentrieren sich nur auf ihre Aufgaben, Konflikte und Koordination werden immer stärker nach oben eskaliert. Die Organisation kann nicht aus dem Potential aller Mitarbeiter schöpfen und begrenzt sich damit in ihrer Performance. Der Leiter ist stärker und stärker belastet und erliegt oft der Versuchung, Prozesse und Regeln zu entwickeln, um die Koordination zu gewährleisten.

Stil: Der Teamentwickler

Der Teamentwickler ist nicht auf das Managen fokussiert, sondern auf seine Mitarbeiter:

⇨ Er entwickelt ein Team, das gemeinsam für den Erfolg verantwortlich ist und aktiv am Erfolg mitarbeitet.

⇨ Er fragt bei jedem Problem, wie es zum Lernen und zur Weiterentwicklung seiner Mitarbeiter beitragen kann.

Das erlaubt es ihm, mehr Zeit damit zu verbringen, um Erfahrungen mit anderen Teamentwicklern/Leitern auszutauschen und mit Vorgesetzten an längerfristigen Lösungen und der Weiterentwicklung der Organisation zu arbeiten. Seinen Mitarbeitern erlaubt es,

⇨ eine höhere Motivation, Engagement und direkte Verantwortung zu entwickeln,

⇨ interessantere Aufgaben mit mehr Gelegenheiten zum Lernen wahrzunehmen,

⇨ bessere Lösung durch Ideen und die Beteiligung der Mitarbeiter zu erarbeiten und

⇨ durch Kooperation über Aufgabenbereiche hinweg umfassender durchdachte Lösungen zu erzeugen.

Führung in einer Lean-/agilen Umgebung

Führung bei Scrum

Scrum favorisiert – insbesondere für den Scrum Master – das Bild des Servant Leader, des Leiters, der hauptsächlich durch Unterstützung des Teams wirkt. Er beseitigt Hindernisse und moderiert die Retrospektive, also das Meeting, das auf die kontinuierliche Verbesserung fokussiert. Implizit treibt er damit auch den Verbesserungsprozess im Team. Der Scrum Master hat (zumindest in dieser Rolle) keine Ergebnisverantwortung. Er ist auch kein Vorgesetzter des Teams.

Scrum ist absichtlich unvollständig, d. h. es konzentriert sich auf die Rollenbeschreibungen auf Teamebene und es macht keine Aussagen über größere organisatorische Zusammenhänge.

Führung in einer Lean-Development-Umgebung

In einer Lean-Umgebung (wir beziehen und auf die prototypische Umsetzung bei Toyota) gibt es dagegen die Rolle des »Chief Engineer«, der das Team führt. Ähnlich wie der Scrum Master hat der Chief Engineer keine formale Autorität, aber er hat eine hohe Seniorität durch technische Kompetenz. Die Mitarbeiter berichten an ihre funktionalen Manager – das Konstrukt erinnert an eine Matrix; allerdings eine Matrix, die am Wertstrom ausgerichtet ist. Daraus ergibt sich ein zentraler Unterschied: In einer traditionellen funktionalen Struktur ergibt sich aus einer Position die Autorität, Entscheidungen zu fällen. Bei einer Ausrichtung am Wertstrom ergibt sich die Notwendigkeit, Entscheidungen herbeizuführen.

Dieses Konstrukt löst ein anderes Problem als Agile: Das Wissen ist langlebiger, Erfahrung wird damit wichtiger. Bei Toyota sind die Teams nicht wirklich selbstorganisiert, sondern die Autorität des Chief Engineer spielt eine wichtige Rolle.

Gemeinsam ist den Agile- und Lean-Ansätzen die Konzentration auf den Aspekt des Lernens und damit auf die Notwendigkeit der engagierten Beteiligung und Respekt als notwendige Grundlage dafür.

Führung beim Scaled Agile Framework (SAFe)

»Managers are lean-thinking manager-teachers«, das Leitbild für Führungspersonen im Scaled Agile Framework [6] – das ist vor allem mit Fokus auf die Verantwortlichen für die Programm- und Portfolioebene gemeint. Für Teams empfiehlt SAFe die Orientierung am Agilen Manifest und den Rollenmodellen von Scrum.

Die SAFe-Führungskraft versteht Lean und übernimmt die Verantwortung für den Erfolg des Prozesses. Damit ist ihre Rolle die eines »Managers«. Sie hat Wissen und praktische Erfahrungen in den Techniken zur kontinuierlichen Verbesserung und trainiert ihre Mitarbeiter ebenfalls in Problemlösung und Verbesserungen. Damit hat sie auch eine Rolle als »Lehrer«.

Sie versteht und verbreitet Lean- und Agile-Überzeugungen und -Verhalten. Sie agiert hier nicht mit Berufung auf eine formale Autorität, sondern mit Überzeugung (»Alignment« über »Compliance«). Das ist weitgehend kompatibel mit dem Rollenbild des Servant Leader bei Scrum, allerdings nicht identisch. Sie weiß um die Probleme von Übergaben und versucht wann immer möglich, die Situation aus erster Hand und aufgrund eigener Beobachtung zu beurteilen. Sie sieht ihre Aufgabe in erster Linie darin, Menschen zu entwickeln, und nicht darin, selbst die Sachprobleme zu lösen. Sie versteht, dass die Effektivität ihrer Mitarbeiter sehr stark auch von ihrem Leitungsstil bestimmt wird.

Metriken und Selbstbewertung

»You get what you measure« – Messgrößen werden allzu leicht zu einer Optimierungsgröße und eine Organisation richtet den Prozess auf diese Größe hin aus. Bei der Auswahl von Kennzahlen ist also Vorsicht geboten.

Teams ziehen am meisten aus einer Bewertung, wenn sie die Gelegenheit haben, sich selbst einzuschätzen und eigene Ziele für die Verbesserung zu entwickeln. Wir stellen als eine solche beispielhafte Bewertung einen Auszug aus dem Agile Evolution Framework [4] vor.

Dieses beinhaltet
⇨ einen Katalog von Kriterien von bewährten agilen Praktiken,
⇨ eine Selbstbewertung zu diesen Dimensionen und ggf. zusätzlich eine Fremdbewertung als Spiegel dazu (Eine solche Möglichkeit wäre, die Selbstbewertung der Product Owner und Teams den jeweiligen gegenseitigen Bewertungen gegenüberzustellen.),
⇨ eine eigene Zielsetzung in denselben Dimensionen und die Gegenüberstellung mit der Selbstbewertung,
⇨ eine Einschätzung der Stärke der Auswirkungen dieser Verbesserungen und
⇨ eine Nutzung dieser Werte zum Aufbau eines Verbesserungs-Backlogs.

Katalog von Dimensionen
⇨ Scrum-Praktiken
 – regelmäßige Lieferung am Ende des Sprint
 – Zusammenarbeit des Teams, gemeinsames Arbeiten an User Stories
 – Zusammenarbeit des Product Owner mit dem Team – Arbeit als Scrum-Team und gemeinsame Verpflichtung zum Projektziel
 – Arbeit des Scrum Masters – treibt die kontinuierliche Verbesserung, schützt das Team und arbeitet mit dem Team an der Verbesserung des Prozesses und der Arbeit insgesamt
 – Der Product Backlog enthält User Stories für zwei bis drei Sprints, die hinreichend detailliert sind, damit das Team ihre Umsetzung im Sprint zusagen kann (sie sind »ready«), und die weitere Planung auf zunehmend gröberen Stufen.

- User Stories sind vertikale Scheiben von Funktionalität und erlauben die Erstellung von Funktionalität in kleinen Inkrementen (z. B. strukturiert nach den INVEST-Kriterien [5]).
- Das Daily Scrum ist kurz und informativ. Es trägt zur Koordination der Teamarbeit bei und wird nicht als Reporting-Instrument missbraucht.
- Der Sprint Backlog wird täglich gepflegt und bildet die Grundlage für die Teamarbeit. Teammitglieder ziehen sich im Sprint neue Tätigkeiten, wenn sie die vorige abgeschlossen haben. Die Tätigkeiten werden nicht zu Beginn des Sprint fest zugeteilt.
- Das Review Meeting ist kurz und informativ. Gegebenenfalls hat der Product Owner schon während des Sprints die Stories angesehen.
- Die Retrospektive wird aktiv zur kontinuierlichen Verbesserung genutzt.
- Die Abnahmekriterien und die allgemeine Definition von Qualitäten abgenommener User Stories (»Definition of Done«) werden aktiv genutzt und regelmäßig geprüft/weiterentwickelt.
- Das Team kennt seine Entwicklungsgeschwindigkeit (»Velocity«).

⇨ Zusammenarbeit
- Die Teammitglieder arbeiten als Team zusammen und unterstützen sich gegenseitig bei der Arbeit.
- Die Teammitglieder agieren als Team und arbeiten regelmäßig an der guten Beziehung untereinander.
- Das Team arbeitet aktiv an der Weiterentwicklung seiner Stärken und an den Fähigkeiten seiner Mitglieder.
- Das Team pflegt Transparenz und kümmert sich aktiv um die Sichtbarkeit der Arbeitsergebnisse, der Stärken und Schwächen und der Bemühungen um die Weiterentwicklung.
- Störungen werden aktiv und gemeinsam bearbeitet und das Team arbeitet an der Reduzierung von Störungen, z. B. Fehlern im Produkivcode oder die proaktive Bearbeitung von Außenstörungen.

⇨ Produktqualität
- Der Backlog wird regelmäßig gepflegt und ist ständig in einem Zustand, der eine valide Aussage über den Bearbeitungsstand zulässt.
- Der Backlog enthält alle Aufgaben des Teams und er berücksichtigt alle Aspekte der Entwicklung, soweit absehbar auch die notwendigen Vorarbeiten für weitere Releases und die Beseitigung technischer Schulden.
- Die Produktfeatures werden regelmäßig und konsequent auf Notwendigkeit und Einfachheit geprüft, Möglichkeiten zur Vereinfachung sind ein regelmäßiges Thema bei der Arbeit.
- Testen und Sichern der Qualität stehen in der gemeinsamen Verantwortung aller und jeder übernimmt Aufgaben, wenn dies angebracht ist.
- Der Product Owner ist präsent bei der täglichen Arbeit und unterstützt diese konsequent mit dem Blick auf das bestmögliche Produkt und die Nutzung der Entwicklungskapazität für die wichtigsten Features.

⇨ Konsistente Lieferung
- Die Lieferzuverlässigkeit des Teams ist gut, d. h. die Schwankung der Velocity und die Abweichung von der Vorhersage des Teams (Commitment) liegen beide zwischen 20 Prozent über oder unter dem Idealwert. Schwankungen muss es bei Entwicklungsvorhaben geben und die genannten Werte signalisieren normalerweise, dass man die entstehenden Unwägbarkeiten beherrscht und adäquat behandelt hat.
- User Story und Akzeptanzkriterien werden konsequent definiert und benutzt. Gegebenenfalls werden Akzeptanzkriterien auf Sprint-Ebene (Definition of Done) und auf der Ebene von Releases (regulatorische Vorgaben und externe Abhängigkeiten/Integrationen) unterschieden.
- Lean-Warteschlangen begrenzen die Menge der noch zu bearbeitenden Features auf ein überschaubares Maß und vermeiden

Verschwendung durch zu frühzeitige Detaillierung bzw. Festlegungen.

- Qualität ist ein integraler Bestandteil aller Diskussionen. Technische Schulden können zukünftige Entwicklungen langsamer und unzuverlässiger machen und werden vermieden.
- Technische Schulden werden regelmäßig überwacht und beobachtet, es gibt auf jeder Ebene einen bewussten Umgang mit technischen Schulden.

⇨ Agile Softwaretechniken
- Die kontinuierliche Integration umfasst alle Artefakte und Herstellungsstufen des Softwareprozesses.
- Refactoring wird regelmäßig betrieben und ist fester Bestandteil des Prozesses auf jeder Ebene.
- Eine emergente Sicht auf die Softwarearchitektur ist wichtig. Der Schwerpunkt liegt auf der Verbesserung der Adaptierbarkeit der Software und der Betrachtung der Architektur als Kommunikationsinstrument.

⇨ Kontinuierliche Verbesserung
- Das Team setzt sich regelmäßig ehrgeizige Ziele zur Verbesserung.
- Die Metriken und ihre Verwendung sind auf die Stärkung der Teamautonomie und der Kompetenzen gerichtet und sind kompatibel mit den Werten einer agilen und Lean-Entwicklung.
- Die Zufriedenheit von Kunden und Teammitgliedern wird regelmäßig abgefragt und Maßnahmen zur Verbesserung werden kontinuierlich erprobt.

Diese Liste sollte man als einen möglichen Startpunkt betrachten und an die eigene Situation anpassen. Normalerweise ist es auch nicht sinnvoll, alle diese Aspekte auf einmal zu besprechen. Man sollte vielmehr von einer Arbeitshypothese ausgehen und mit den drängendsten Aspekten beginnen.

Gegenüberstellung Soll/Ist

Mit den geeigneten Dimensionen kann man eine Diskussion über wünschenswerte Praktiken starten und einen Konsens über die Richtung von Veränderungen herstellen. Sie bieten, richtig angewandt, also einen Beitrag zur Verbesserung des Alignment im Team.

Auf dieser Basis wiederum kann man Soll-Ist-Vergleiche erheben und visualisieren, z. B. in folgender Form:

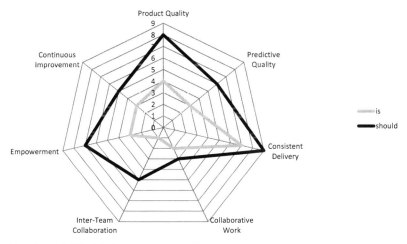

Abb. 1:   *Soll/Ist-Selbstbewertung in einem Team*

Priorisieren und Verbesserungs-Backlog erstellen

Zu den identifizierten Möglichkeiten der Verbesserung werden weitere Aspekte erhoben:

⇨ Welche sichtbaren Änderungen erwarten wir, wann und wie sollen sie beobachtet werden?

⇨ Wie schnell wirken sich die Verbesserungen auf die Arbeit aus, welche der Verbesserungen haben kurzfristig die stärksten Auswirkungen?

⇨ Welche der Dimensionen haben langfristig die größten Auswirkungen?

⇨ Welche ersten Schritte müssen unternommen werden, um die am höchsten bewerteten Maßnahmen zu implementieren?

Aus diesen Informationen kann man einen Verbesserungs-Backlog erstellen und priorisieren.

Regelmäßig den Plan anpassen
Eine agile Implementierung ist eher eine Reise als ein festgelegter Change-Prozess. Daher ist es notwendig, mit den wichtigsten Maßnahmen zu starten und den Verbesserungsprozess regelmäßig zu überprüfen und anzupassen.

Abb. 2:   *Agile Evolution – der Verbesserungsprozess*

Dieser Text basiert auf einem überarbeiteten Beitrag aus dem Buch »Das Scaled Agile Framework – Agil im Großen implementieren" (dpunkt Verlag 2014).

Literatur

[1] KOHN, ALFIE: *Punished by rewards. The trouble with gold stars... Boston – New York: Houghten Mifflin, 1993*

[2] SENGE, PETER M.: *The Fifth Discipline. 2. Aufl. New York: Crown Business, 2006*

[3] TAKEUCHI, HIROTAKA; NONAKA, IKUJIRO: *The new new product development Game. In: Harvard Business Review, Januar 1986, S. 137–146*

[4] *http://agile-evolution.com*

[5] *http://en.wikipedia.org/wiki/INVEST_(mnemonic)*

[6] *Das Scaled Agile Framework – Agil im Großen implementieren. Heidelberg: dpunkt Verlag, 2014*

Zusammenfassung

Die Leistungsfähigkeit von Teams von Wissensarbeitern hängt in hohem Maße von der Bereitschaft
und der Fähigkeit ab, gemeinsam Verantwortung zu
übernehmen. Damit avanciert die Entwicklung von
Personen und Fähigkeiten zu einem zentralen Element
der Führungskompetenz.

Führungspersonen müssen verstehen, welche
Eigenschaften bei Mitgliedern selbstorganisierender
Team besonders wichtig für den Erfolg des Teams
sind. Sie müssen verstehen, wie sie die Motivation
aufbauen und dauerhaft stärken und mit welchem
Zielbild sie ihr eigenes Verhalten entwickeln müssen,
um diesen Impuls konsistent an das Team weiterzu-
geben.

Im vorliegenden Beitrag werden einige Anwendungs-
beispiele genannt, wie diese Ziele durch konkrete
(Selbst-)Bewertungsmaßstäbe untermauert werden
können, und es wird ein Prozess der agilen Evolution
vorgeschlagen, der diese kontinuierliche Verbesserung
in die tägliche Arbeit eines Teams integriert.

Agile Führungskultur

»Führung« verbinden wir gerne mit Anweisung und Kontrolle. In diesem Beitrag wird »Führung« vorurteilsfrei betrachtet, um ihre Bedeutung gerade im agilen Kontext zu unterstreichen.

In diesem Beitrag erfahren Sie:
- was »Führung« bedeutet und ob agile Teams überhaupt eine Führung brauchen,
- ob Unternehmen »von unten nach oben« geführt werden können und
- wie eine agile Führungskultur entstehen kann.

Hans-Peter Korn

Führung ja – aber agil

Wenn Sie bei Wikipedia den Suchbegriff »Führung« eingeben, sehen Sie, dass »Führung« je nach Kontext unterschiedliche Bedeutungen haben kann. Für jeden von uns ist das Verständnis von »Führung« davon geprägt, welcher dieser Kontexte für uns im Vordergrund steht – und auch geprägt von ganz persönlichen Erfahrungen mit erlebter Führung. Auch bei der Einengung auf den Begriff »Führungskraft (Wirtschaft)« bleibt die Unschärfe der Bedeutung erheblich: Sie umfasst für den einen insbesondere Personen mit Budget- und/oder Personalverantwortung und für den anderen all jene Personen, die Aufgaben erfüllen, die für das Unternehmen von Bedeutung sind, sofern sie Entscheidungen im Wesentlichen frei von Weisungen treffen oder maßgeblich beeinflussen. Das Spektrum der Bedeutungen umfasst also u. a. den Bereichsleiter eines Konzerns, einen Abteilungsleiter, einen Projektleiter, einen

Scrum Product Owner und auch einen Scrum Master – aber durchaus auch einen Technical Lead oder einen Chief Architect.

Noch breiter wird dieses Spektrum, wenn auch noch die Begriffe »Management« einerseits und »Leadership« andererseits miteinbezogen werden, wobei die Diskussionen der Unterscheidung dieser zwei Begriffe im deutschen Sprachraum etwas andere Akzente als jene im englischen setzen. Orientiert am englischsprachigen Verständnis wird »Management« als auf die Sache gerichtete Beeinflussung gesehen, damit Menschen vereinbarte Ziele erreichen. »Leadership« hingegen zielt darauf ab, mit Charisma und Inspiration Menschen zu motivieren, aus eigenem Antrieb ihre Ressourcen auszuschöpfen, um ein größeres Ganzes (z. B. die Unternehmensvision) zu verwirklichen. Inwieweit die Unterscheidung von *Management* und *Leadership* nützlich ist, wird jedoch auch bezweifelt, da sich beide Konzepte in der Praxis stark überschneiden. Eine etwas tiefer gehende Darstellung findet sich bei Marek [1].

Ebenfalls sehr breit – und ohne spezifische Bedeutungsklärung daher unbrauchbar – ist der Begriff »agil«. Sie reicht von »AGIL« als ein in den 1950er-Jahren von Talcott Parsons geprägtes Akronym für vier überlebenswichtige Funktionen lebender Systeme über Tom Gilb, für den die zentrale Bedeutung von »agil« im inkrementell-adaptiven Vorgehen und kontinuierlichen Lernen besteht und alle anderen agilen Taktiken – wie etwa die Bevorzugung der Arbeit in sich selbst organisierenden Teams – optionale Details sind, bis hin zu einem Verständnis von »agil«, das vor allem diese (gemäß Gilb) optionalen Details in den Vordergrund stellt und aus einer Sammlung altbekannter »post-tayloristischer«, hierarchie- und autoritätsfreier, partizipativer, selbststeuernd-kooperativer, kommunikationsbasierter und systemischer Praktiken und Glaubenssätze besteht [2]. Ken Schwaber (der Mitbegründer von Scrum) wiederum erinnert in seinem Blog vom 30. Juli 2014 [3] ganz pragmatisch an die Bedeutung von »agile« aus dem Jahr 2001: »Agile = Any software activity that conforms or attempts to conform to the values and principles of the Agile Manifesto for Software Development.« Agile hat also für Schwaber nur etwas mit der Entwicklung und dem Betrieb von *Software* zu tun – und nichts mit physischen Produkten oder einer generellen Methode des Managements oder der Gestaltung

60

eines Unternehmens als Ganzes. Und »Agile« im Kontext der Entwicklung und dem Betrieb von Software ist für ihn gekennzeichnet durch das Manifest für agile Softwareentwicklung [23].

Aufgrund dieser Begriffsunschärfen können »agil« und »Führung« im Gegensatz zu etlichen immer wieder geführten kontroversen und oft dogmatischen Diskussionen keinen grundsätzlichen Widerspruch darstellen. Stattdessen geht es um diese Frage: Was verstehen wir unter agiler Führung im jeweils spezifischen Kontext eines Unternehmens oder einer Organisation?

Die Wiederentdeckung der Kontextabhängigkeit

Der Kontext des Unternehmens nämlich, also die Art seiner Produkte oder Services und seiner Kunden, die Marktgegebenheiten, die politischen Rahmenbedingungen und die Interessen seiner Investoren

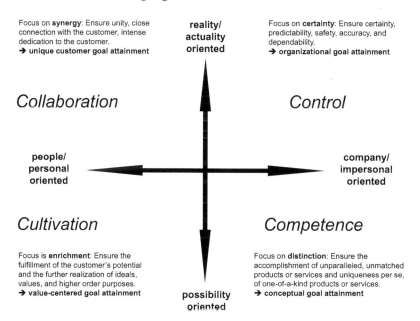

Focus on **synergy**: Ensure unity, close connection with the customer, intense dedication to the customer.
→ unique customer goal attainment

reality/ actuality oriented

Focus on **certainty**: Ensure certainty, predictability, safety, accuracy, and dependability.
→ organizational goal attainment

Collaboration

Control

people/ personal oriented

company/ impersonal oriented

Cultivation

Competence

Focus is **enrichment**: Ensure the fulfillment of the customer's potential and the further realization of ideals, values, and higher order purposes.
→ value-centered goal attainment

possibility oriented

Focus on **distinction**: Ensure the accomplishment of unparalleled, unmatched products or services and uniqueness per se, of one-of-a-kind products or services.
→ conceptual goal attainment

Abb. 1: *Die vier typischen Unternehmenskulturen nach William E. Schneider[5]*

bestimmen die Kultur des Unternehmens und damit auch die dazu passende Art der Führung. Genau das bleibt in den meisten Diskussionen rund um die »Agilität als Lösung für alles« unberücksichtigt. Abbildung 1 zeigt ein auf William E. Schneider beruhendes Modell typischer Unternehmenskulturen, dessen zwei Dimensionen vier Kulturquadranten aufspannen [4].

Eine Kultur der Steuerung (Control) etwa ist weder generell gut noch schlecht. Sie ist dann angemessen, wenn sie auf gut vorausplanbaren Situationen beruht und wenn damit die Sicherheit und Zuverlässigkeit der Leistungserbringung zu möglichst geringen Kosten gewährleistet werden kann. Unsere Konsumgesellschaft ist in hohem Maße auf Unternehmen mit ausgeprägter Steuerungskultur angewiesen.

Die rein fachbezogene Führung im Sinne von Koordination und Steuerung zur Sicherstellung eines unternehmensweiten und nicht nur lokalen Optimums ist in »agilen Kreisen« weitaus weniger umstritten als die Führung mit Personalverantwortung, die gerne als »disziplinarische Führung« bezeichnet wird, also mit einem Begriff, der wegen seiner Nähe zu Wörtern wie »Disziplin« und »Disziplinierung« emotional aufgeladen ist. Kann Führung mit Personalverantwortung agil (was auch immer darunter verstanden wird) wahrgenommen werden? Ist das nicht zwangsläufig ein direktiver Führungsstil?

Nicht auf den Stil kommt es an, sondern auf die innere Haltung

Ich möchte hier das Konzept der Führungsstile verlassen. Das Konzept typisierender (und somit generalisierender) Führungsstile gilt inzwischen als genauso überholt wie das Konzept der Persönlichkeitstypen. Es geht also nicht darum, als Führungsperson mit Personalverantwortung einem Stil zu folgen, sondern um die innere Haltung. Heute wird die Selbstbeschreibung der Führungsperson als eine

⇨ die mit ihr Zusammenarbeitenden interessiert beobachtende,
⇨ von ihnen lernende,
⇨ sie wertschätzende,

⇨ sich selbst und ihr Umfeld reflektierende und
⇨ auf dieser Basis situativ angepasst handelnde Person in weiten Kreisen als angemessen betrachtet.

Ganz bewusst habe ich hier »mit ihr (der Führungskraft) Zusammenarbeitende« statt »Unterstellte« geschrieben.

Die vielfach zu Recht als Negativbeispiele vorgeführten, ihre Unterstellten autoritär disziplinierenden Hierarchen sind heute – zumindest aus meiner Erfahrung im Bereich der Software(SW)-Entwicklung – in den DACH-Ländern kaum noch anzutreffen. Und diese Hierarchen in unserer Unternehmensrealität als dominante Problematik zu bekämpfen, ist für mich ein Kampf gegen imaginierte Windmühlen.

Transformationale Führung

Das beobachtende und reagierende Führungsverhalten allein genügt jedoch nicht. Zusätzlich muss die Führungsperson auch begeistern und Zuversicht wecken können und bei den Mitarbeitenden als Vorbild gelten. Passend dazu ist das Konzept der transformationalen Führung [6]. Die transformationale Führung ist durch vier Kompetenzen gekennzeichnet:
⇨ Vorbild sein und Vertrauen schaffen (Identification)
⇨ durch Herausforderungen motivieren, die auf Werten basieren (Inspiration)
⇨ zur selbstständigen, kreativen Problemlösung anregen (Stimulation)
⇨ individuelle Förderung und Coaching (Consideration)

Diese vier Aspekte wurden von der Technischen Hochschule Mittelhessen um drei weitere ergänzt:
⇨ effektive Kommunikation (Fairness)
⇨ unternehmerische Haltung (Innovation)
⇨ Umsetzungsstärke (Ergebnisorientierung)

Auch mit Personalverantwortung verbundene Führung hat also nichts mit »hire & fire« zu tun, sondern vor allem mit situationsgerechter Förderung und Charisma.

Die gegenüber einzelnen Mitarbeitenden und Teams konkret praktizierte Führung und die dazu nutzbaren und weiterzuentwickelnden Führungskompetenzen ergeben sich dynamisch aus der jeweiligen Strategie des Unternehmens einerseits und den Fähigkeiten und Möglichkeiten der aktuell vorhandenen einzelnen Mitarbeitenden und Teams andererseits. Die praktizierte Führung und die Weiterentwicklung der Führungskompetenz ist Produkt eines permanenten, in der täglichen Arbeit laufenden adaptiven und hochgradig kommunikativen Prozesses, ist also von Natur aus »agil« im Sinne seiner umgangssprachlichen Bedeutung.

Diesen Entwicklungsprozess müssen die Führungskraft und die mit ihr Zusammenarbeitenden gemeinsam durchlaufen – die Führungskraft kann ihn nicht allein leisten. Das ist übrigens eine der Schwachstellen vieler Führungsausbildungen, die diesen Aspekt außer Acht lassen, da diese Ausbildungen nur von der Führungskraft allein ohne die mit ihr Zusammenarbeitenden stattfinden.

Es kann daher auch nicht nur »die eine« Ausprägung der agilen Führungskraft geben. Sie ist dann agil, wenn sie folgende Eigenschaften besitzt [7]:

Eigenschaften agiler Führungskräfte

⇨ *Robustheit:* die Fähigkeit, aufgaben-, situations- und bedingungs-übergreifend effektiv zu bleiben
⇨ *Belastbarkeit:* die Fähigkeit, sich von Unglücksfällen, Schäden oder einer destabilisierenden Störung der Umgebung zu erholen oder sich darauf einzustellen
⇨ *Reaktionsfähigkeit*: die Fähigkeit, auf eine Veränderung der Umgebung rechtzeitig zu reagieren
⇨ *Flexibilität:* die Fähigkeit, mehrere Lösungsmöglichkeiten einzusetzen und nahtlos von einer zur anderen überzugehen
⇨ *Innovationsfähigkeit*: die Fähigkeit, neue Dinge zu tun, und die Fähigkeit, alte Dinge auf eine neue Art und Weise zu tun
⇨ *Anpassungsfähigkeit*: die Fähigkeit, Arbeitsprozesse zu ändern, und die Fähigkeit, die Organisation zu ändern

Brauchen agile Teams überhaupt eine Führung?

Benötigen Teams mit einer ausgeprägten Kompetenz der Selbstorganisation überhaupt eine Führungskraft?

Essenziell für Personen, die als ein sich selbst organisierendes Team arbeiten, ist die gemeinsame Vorstellung vom Sinn und Zweck, also vom Rahmen ihrer Arbeit als Team. Bei unklaren oder widersprüchlichen Rahmensetzungen werden Teams selbst mit allen erdenklichen Methoden der Teamentwicklung nicht leistungsfähig.

Bei der agilen SW-Entwicklung gibt es bei an Scrum angelehnten Vorgehensweisen zwei Rahmensetzer: einerseits den Product Owner, der definiert, *was* das Team zu entwickeln hat, und anderseits den Scrum Master (oder Agile Master), der das *Wie* des Vorgehens bestimmt (Arbeitsprozess, -methoden und -techniken).

In der agilen Szene wird die Arbeit von sich selbst organisierenden Teams (bei Scrum bestehend aus Product Owner, Entwicklern und Scrum Master) als zentrales Element des »leichtgewichtigen« Umgangs mit komplexen Situationen gesehen – als Gegensatz zum »schwergewichtigen«, auf Anweisung und Kontrolle beruhenden Führen einzelner Spezialisten durch eine Führungskraft oder strikt definierte arbeitsteilige Prozesse.

Selbstorganisation als (gefährlicher) Mythos?

Beim Hinterfragen der Bedeutung von »Selbstorganisation« stellt sich diese schnell als recht buntes Gemisch aus abstrakten Prinzipien der Systemtheorie, chaotisch und eigendynamisch gesehenen Naturprozessen, Evolutionsphänomenen bei Organismen, Mustern der Emergenz sozialer Strukturen, Übertragungen neoliberaler Mechanismen des freien Marktes auf die Organisationseinheiten im Unternehmen sowie aus basisdemokratischen und anarchischen Vorstellungen heraus. Also: »Selbstorganisation ist Chiffre für einen Erklärungsnotstand, keine Erklärung.« ([8], S. 130, Anm. 11)

Die Forderung nach Selbstorganisation kann überdies zu einem *leistungspolitischen Doublebind* führen: »Einerseits gehören nunmehr

Selbstkoordination und kreative Problemlösung zum offiziellen Aufgabenkanon der Gruppe, andererseits fehlt Zeit und Personal, um diese Aufgaben angemessen erfüllen zu können.« [9] Andere sehen in der Förderung der Selbstorganisation im Unternehmen ein Mittel der Selbstdisziplinierung der Mitarbeitenden im Interesse der Profitmaximierung der Kapitalgeber und des Topmanagements. Christian Fuchs schreibt dazu, dass das Management im postfordistischen kapitalistischen Wirtschaftssystem erwarte, dass die Angestellten flexibel, innovativ, intrinsisch motiviert, dynamisch, modern – eben *agil* – seien und dass sie sich mit dem Unternehmen identifizierten und Freude an der Arbeit hätte. Die Strategien der Partizipation zielten dabei auf eine ideologische Integration der Angestellten in das Unternehmen ab. Das jedoch sei eine neue Form der ausbeuterischen Profitmaximierung mittels der permanenten Selbstdisziplinierung durch die Angestellten selbst, um die Produktivität zu erhöhen und die Kosten zu reduzieren [10].

Diese Selbstausbeutung mittels Selbstdisziplinierung durch die nicht am Profit direkt beteiligten Angestellten kann jedoch in einem *wirklich* demokratischen Unternehmen entschärft werden, wie weiter unten im Abschnitt »Realitäten anerkennen« beschrieben wird.

Romantisch heroisierte Teamarbeit?

Die Idealisierung der selbstorganisierten Teamarbeit als *die* einzig sinnvolle Arbeitsweise überdeckt die bekannten Risiken und Schwachstellen der Teamarbeit und mündet zudem im Verschwinden des einzelnen Mitarbeitenden im Kollektiv des Teams.

Bereits 1998 warnte Fredmund Malik vor einer um sich greifenden naiven und romantischen Heroisierung der Teamarbeit, die das gebotene Maß an Rationalität übersteige [11].

Bei all diesen Idealisierungen geraten solche Erkenntnisse in Vergessenheit:

⇨ Teams gehen deutlich höhere Risiken ein als Einzelpersonen, da der Einzelne nicht als ängstlich gelten will und die individuelle Verantwortung dem Kollektiv überträgt.

⇨ Immer wieder neu zusammengestellte Teams benötigen mehr Zeit für Entscheidungen als Einzelpersonen oder bereits lange zusammenarbeitende Teams.

⇨ Im Interesse der Arbeitseffizienz und der Konfliktvermeidung wird das Hinterfragen der Arbeitsweise und das Quer- und Um-die-Ecke-Denken in Teams, die definierte Arbeiten innerhalb eines begrenzten Zeitraums zu erfüllen haben, eher als Störung denn als Bereicherung empfunden. Damit wird das lineare bzw. konvergente Denken eher gefördert als das laterale bzw. divergente. Ausnahmen sind Teams, die ohne Zeit- und kurzfristigen Erfolgsdruck kreative und innovative Ideen entwickeln dürfen.

⇨ Teams, die unter Arbeits- und Zeitdruck stehen, müssen regelmäßig und ohne Zeit- und Ergebnisdruck ihre Arbeit reflektieren und querdenken können. (Die bei Scrum üblichen Retrospektiven sind jedoch zeitlich eng begrenzt und daher nicht optimal.)

⇨ Innerhalb von Teams entstehen – oft nicht transparente – Rangordnungen, Koalitionen und Ausgrenzungen bis hin zu mobbingartigen Formen.

⇨ In bereits lange zusammenarbeitenden Teams können Rangordnungen und das sich Einrichten in individuellen Nischen (Spezialwissen, spezielle Aufgaben) dazu führen, dass Aufgabenänderungen abgelehnt oder schlecht bewältigt werden und sich einzelne Teammitglieder mit ihrer Position und Nische abfinden, statt sich weiterzuentwickeln.

⇨ Bei großen Teams und bei solchen ohne klare und kurzfristig zu erreichende Ergebnisse kann es zum *soziales Faulenzen* (social loafing oder Ringelmann-Effekt) kommen: Einzelne Teammitglieder reduzieren ihre Leistung im Vertrauen darauf, dass es unbemerkt bleibt und die anderen ohnehin genug tun – entsprechend dem altbekannten Akronym TEAM = Toll, Ein Anderer Macht's.

Teamleitung als Dienst am Team und am Individuum

Wie kann vor diesem Hintergrund ein einzelnes Teammitglied bei seiner Weiterentwicklung in einer spezifischen Kompetenzdomäne von einem Team als Kollektiv unterstützt (statt behindert oder überfordert) werden? Wie kann in einem sich selbst organisierenden Team sichergestellt werden, dass die Aufgabenverteilung, die Art der Anleitung, die Kontrolle und das Feedback für jedes einzelne Mitglied pro spezifischer Kompetenzdomäne situativ angemessen ist?

Eine die fortlaufende Entwicklung des Teams als Ganzes einerseits und die Entwicklung der einzelnen Teammitglieder anderseits unterstützende Führungskraft kann die negativen Effekte einer führungslosen Arbeit im Team deutlich abschwächen und einzelne Mitarbeitende situativ fördern. Dabei geht es immer um die Interaktion und Kommunikation mit *einzelnen* Personen. Das Team als Kollektiv kann man nämlich nicht beeinflussen – also weder führen noch motivieren. Heinz von Foerster beschreibt das so: »Ich kenne kein Kollektiv. Wo ist es? Einem Kollektiv kann man nicht die Hand schütteln, man kann es nicht umarmen und sich nicht mit ihm an einen Tisch setzen und fragen, wie es ihm geht, ob es Schmerzen hat, warum es lacht oder weint. Wir haben es hier mit einem Begriff zu tun, der den direkten Bezug von Mensch zu Mensch verhindert.« ([12], S. 138)

Der Teamleiter als Führungskraft

In der agilen Szene werden Teamleiter gerne als Hindernis für die gelingende Selbstorganisation gesehen. Bisweilen wird sogar die Forderung laut, von oben eingesetzte Manager und Hierarchien komplett abzuschaffen und das Unternehmen von unten nach oben emergent entstehen zu lassen. Ein von den Mitarbeitenden her bestimmtes Unternehmen steht jedoch im Widerspruch zu den Machtansprüchen in jener großen Mehrheit der Unternehmen, deren Mitarbeiter nicht auch die stimmberechtigten Kapitalgeber und Profitnutzer sind. Bei diesen Unternehmen ist die von »oben« her (beginnend bei den Eigentümern und Investoren) legitimierte und gegenüber »Oben« rechenschaftspflichtige Führung eine zu akzeptierende Tatsache. Darauf werde ich weiter unten noch vertiefter eingehen.

Dennoch ist es auch in der Mehrheit der Unternehmen möglich, die Führung auf Teamebene anders als oft üblich zu gestalten, um die Arbeit nicht nur agiler Teams zu fördern. Hier sind einige – auch irritierende – Anregungen (Dabei handelt es sich um kein Fantasiegebilde, sondern um eine Sammlung real gelebter Praktiken. Viele davon wurden und werden z. B. bei SEMCO erfolgreich genutzt [13].

⇨ Im Unternehmen wird generell eine transformationale Art der Führung (siehe oben) gelebt.

⇨ Jede Führungskraft im Unternehmen ist verantwortlich dafür, dass der für die jeweilige Organisationseinheit (z. B. ein Entwicklerteam) passende Rahmen gesetzt und laufend überprüft wird, nicht aber dafür, was innerhalb dieses Rahmens daraus entsteht. Dafür sind die in diesem Rahmen agierenden Personen/Teams allein verantwortlich.

⇨ Bei der Auswahl bzw. Einsetzung einer Führungskraft muss der »Konsent« (siehe unten im Abschnitt »Dynamische Kreisorganisation als Option«) dazu seitens aller davon *direkt* Betroffenen gegeben sein.

⇨ Eine Führungskraft kann von allen *direkt* Betroffenen mit deren Konsent abberufen werden.

⇨ Die Führungsaufgabe ist mit keinen speziellen Vergünstigungen, Boni oder Statussymbolen verbunden.

⇨ Die Übernahme einer Führungsaufgabe wird im Unternehmen nicht als Karriereschritt nach oben, sondern als Kompetenzverbreiterung gesehen.

⇨ Eine Person darf die Führungsrolle für eine bestimmte Organisationseinheit (z. B. Team) nur maximal vier Jahre lang ununterbrochen ausüben. In der Regel soll nach der Führungsrolle eine fachliche Rolle übernommen werden.

⇨ In die Leistungsbeurteilung der einzelnen Mitarbeitenden durch die unmittelbare Führungskraft fließt die Teambeurteilung zu zwei Dritteln ein, die Erfüllung individueller Ziele zu einem Drittel. Innerhalb eines Teams sind die für die einzelnen Teammitglieder individuell vereinbarten Ziele und die Beurteilungen ihrer Erreichung durch die Führungskraft offengelegt.

⇨ Die Erfüllung der individuellen Ziele der Mitarbeitenden ergibt sich aus regelmäßigen, mindestens quartalsweisen Feedback- und Förderungsgesprächen mit der unmittelbaren Führungskraft auf Basis der für die jeweilige Periode vereinbarten individuellen Ziele.

⇨ Die Teambeurteilung beruht auf mehrmaligen (z. B. pro Sprint oder Release) transparenten Feedbacks diverser Stakeholder des Teams auf Basis der zu Beginn der Beurteilungsperiode vereinbarten Kriterien. Diese Feedbacks der Stakeholder sind auch Inputs für die Retrospektiven.

⇨ Der Zusammenhang zwischen der individuellen Leistungsbeurteilung (2/3 Teamleistung + 1/3 individuelle Zielerreichung) und der individuellen *prozentualen* Lohnveränderung bzw. des individuellen *prozentualen* Anteils am Gesamtbonus für das ganze Team ist transparent. (Das individuelle Gehalt hingegen bleibt weiterhin vertraulich.)

⇨ Der Gesamtbonus für das Team wird ähnlich bestimmt wie der Effizienzbonus gemäß dem »Muster für einen agilen Festpreisvertrag« beim agilen Festpreis [14]. Damit wird sichergestellt, dass auch das Team von der Profiterhöhung dank der höheren Effizienz seiner Arbeit profitiert und nicht nur die Eigentümer oder Topmanager des Unternehmens.

⇨ Die Verhandlung dieses Effizienzbonus für sein Team ist die Aufgabe des Teamleiters – analog zum Kolonnenführer der Bauarbeiter, der den Akkord mit dem Bauleiter aushandelt.

⇨ Der Teamleiter hat die Kompetenz, in Absprache mit dem Team bis zu zwei Drittel des Effizienzbonus für die Qualifikationsverbesserung des Teams und einzelner Teammitglieder und zur Verbesserung der Entwicklungsinfrastruktur einzusetzen.

⇨ Der Teamleiter verfügt über ein vom Effizienzbonus unabhängiges, angemessenes und autonom nutzbares Budget für die Verbesserung der Qualifikation des Teams und einzelner Teammitglieder und zur Verbesserung der Entwicklungsinfrastruktur.

Wie strikt darf und muss Führung sein?

Brian Wernham verweist in seinem Buch »Agile Project Management for Government« ([15], S. 214) auf die Kritik von Andrew Davies und Ian Gray in ihrem 2011 erschienenen Buch »Learning Legacy«, wonach die verbreitete Form des Managements auf der obersten Ebene zu einer eher lockeren Führung neigt, auf der Ebene einzelner Projekte und Teams jedoch zu einer recht straffen. Im Interesse eines erfolgreichen (agilen) Managements vertreten sie genau das Gegenteil, nämlich die »Light-Tight Governance« (»locker-strikte Unternehmensführung«): Ein striktes Management auf oberster Stufe (insbesondere im unternehmensweiten Management des Produkt- und Projektportfolios) stellt die Konsistenz aller Vorhaben sicher, während alle untergeordneten Steuerungsaufgaben locker wahrgenommen werden, um ein hohes Maß an Flexibilität zu ermöglichen.

Ausgehend davon entwirft Brian Wernham vier typische Ausprägungen:
⇨ Light-Tight Governance (locker-strikte Unternehmensführung): Sie erlaubt agile Vorgehensweisen.
⇨ Light-Light Model of Control (Locker-locker-Modell der Führung): Führt ins Chaos.
⇨ Tight-Tight Model of Control (Strikt-strikt-Modell der Führung): Macht unflexibel.
⇨ Tight-Light Model of Control (Strikt-locker-Modell der Führung): Macht unflexibel.

Inspiriert davon habe ich daraus diese Darstellung (Abb. 2) abgeleitet:

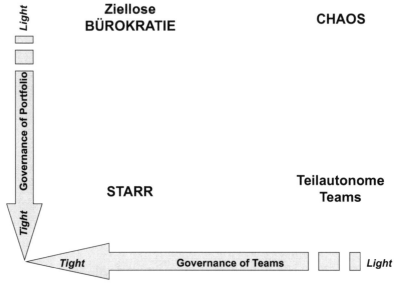

Abb. 2:   *Light-Tight Agile Governance (angelehnt an [15], S. 225)*

Diese *Light-Tight Governance* entspricht der Kontextsteuerung, dem von Helmut Willke [16] formulierten Prinzip der Steuerung komplexer (sozialer) Systeme: Unter der Annahme, dass *Autopoiesis* und *operative Geschlossenheit* systemtheoretische Kerntheoreme darstellen, scheidet die direkte Beeinflussung der zu steuernden Systeme (Mikromanagement) über Systemgrenzen hinweg aus. Ein (steuerndes) System kann jedoch über seine Systemgrenzen hinweg Rahmenbedingungen so gestalten, dass andere (zu steuernde) Systeme diese als handlungsstimulierend aufgreifen – und zwar in der Hoffnung (nicht in der Gewissheit), dass die stimulierten Handlungen der Intention des steuernden Systems dienen.

Hier also verbinden sich Systemtheorie und »moderne« Führungspraxis!

Organisatorische Einbindung der Führungsrollen

Diverse Vorgehensmodelle beschreiben spezifische Rollen der Produktentwicklung und insbesondere des Projektmanagements, lassen aber deren Einbindung in die Führungsstruktur des Gesamtunternehmens offen. So kennt etwa PRINCE2 (es unterstützt die zentralen Elemente des agilen (inkrementell-adaptiven) Vorgehens, siehe Absatz 3.2 in [2]) einen Teammanager, der jedoch nur als Repräsentant und Schnittstelle eines der – projektspezifischen – Entwicklerteams gegenüber dem Projektmanager für die Erstellung, Prüfung und Lieferung der Produkte verantwortlich ist und der bei kleinen Projekten entfallen kann. Und Scrum kennt pro Scrum-Team einerseits einen Scrum Master als »dienende Führungskraft des Teams« und Verantwortlichen dafür, dass Scrum verstanden und korrekt angewandt wird, und andererseits einen Product Owner als Verantwortlichen für die Maximierung des Wertes des Produkts und der Arbeit, die das Entwicklungsteam verrichtet. Im Scrum Guide (Deutsche Version 2013) ist dazu bloß Folgendes zu lesen: »Wie dies geschieht, kann je nach Organisation, Scrum Team und Einzelpersonen stark variieren.«

Simplifizierungen und Dogmen vergrößern die Matrixproblematik

Im Fall von Scrum höre ich oft die Behauptung, dass es insgesamt nur die Rollen *Product Owner, Entwicklungsteam* und *Scrum Master* gibt und dass ein Teamleiter im Widerspruch zu Scrum stehe. Gleichzeitig treffe ich immer wieder auf Entwicklungsteams, deren Mitglieder im Rahmen einer Matrixorganisation aus diversen Organisationslinien kommen. Es liegt dann letzten Endes am einzelnen Teammitglied oder am Team selbst, die (oft konkurrierenden) Interessen und Vorgaben der ihm übergeordneten Organisationslinien unter einen Hut zu bringen. Und das, obwohl dieser Person bzw. dem Team in der Regel die Mittel und Entscheidungskompetenzen zur selbstständigen Gestaltung dieses Interessenausgleichs fehlen.

Trotz dieser seit Jahrzehnten bekannten Matrixproblematik der »Delegation der Lösung von Interessenkonflikten nach unten, dorthin, wo die dazu nötigen Mittel fehlen« ist diese Organisationsform nach wie vor in der Produktentwicklung und vor allem bei Projekten sehr verbreitet. Ein aktuelles Beispiel im agilen Kontext findet sich bei »Scaling Agile @ Spotify with Tribes, Squads, Chapters & Guilds« [17]. Grundlage dafür, dass das bei Spotify einigermaßen funktioniert, sind *vollautonome* Teams (»Squads«) mit *direktem* Kontakt zu den unterschiedliche Interessen vertretenden Stakeholdern (»Tribes«, »Chapters«, »Guilds«) im Sinn von kleinen, eigenständigen Start-up-Firmen: also Teams mit allen nötigen Mitteln und Entscheidungsbefugnissen einerseits und *mit Stakeholdern ohne Weisungsbefugnisse* gegenüber den Teams und deren Mitgliedern andererseits. Der übergreifende Interessenausgleich erfolgt stattdessen via intensiver direkter Kommunikation innerhalb der *Tribes, Chapters* und *Guilds.*

Realitäten anerkennen

All das entspricht den basisdemokratischen Prinzipien der bereits vor rund 150 Jahren formulierten Vision des »kollektivistischen Anarchismus«, welcher die Aufhebung der Trennung in Eigentümer einerseits und die deren Eigentum Vermehrende und von ihnen Abhängige andererseits voraussetzt. Seine Umsetzung im Unternehmenskontext würde daher auch eine grundlegende Änderung der Eigentumsverhältnisse im Unternehmen analog zur Demokratie als Staatsform erfordern: Demokratie (oder gar Basisdemokratie) beruht ja ganz zentral darauf, dass der Staat den Staatsbürgern »gehört«. Nur diese bestimmen letzten Endes (via von ihnen gewählte Repräsentanten oder direktdemokratisch) über die Gestaltung des Staatswesens (Verfassung), seine Regeln (Gesetze) und auch über die Vorgehensweisen etwa bei der Bestellung der Staatsangestellten.

Analog dazu sind im Unternehmen vollautonome Teams, die wie eigenständige Start-up-Firmen funktionieren, nur dann tatsächlich und nicht nur als »so tun als ob« machbar, wenn das Unternehmen diesen Teams bzw. deren Mitgliedern gehört: zum Beispiel so, dass es keine anderen (stimmberechtigten) Aktionäre als die Mitarbeitenden gibt.

Wenn in diesem Fall der via »Aktionärsdemokratie« bestellte Aufsichtsrat – gemäß heutiger Rechtslage – die Geschäftsführung (den Vorstand) zu überwachen hat und gegenüber dem Eigentümer im Sinne eines ordentlichen Kaufmanns haftbar ist, dann erst hat er diese Verantwortung gegenüber den Mitarbeitenden in ihrer Eigenschaft als Eigentümer. Und dann erst kann von einem »demokratischen« Unternehmen gesprochen werden, siehe Abbildung 3.

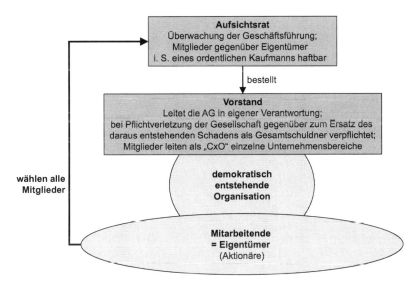

Abb. 3: *Das demokratische Unternehmen: Die Mitarbeitenden bestimmen auch die Rahmenbedingungen der Organisationsgestaltung*

Bei der großen Mehrheit der heutigen Unternehmen ist das nicht der Fall. Dort sind die Eigentümer meist (oft institutionelle) Investoren außerhalb der Mitarbeiterschaft. Und die primäre Verantwortlichkeit des Managements gegenüber diesen Eigentümern und nicht gegenüber den Mitarbeitenden begründet das von oben (den Eigentümern) nach unten (den das Eigentum vermehrenden Angestellten) gerichtete Führungsprinzip. Und somit wird es in der großen Mehrheit der heutigen Unternehmen stets eine von oben bestellte, letzten Endes primär gegenüber den Investoren oder den Eigentümern verantwortliche Führung geben. Diese primär gegenüber »Oben« verantwortliche Führung wird für die Wahrung der Interessen der Investoren übrigens auch umso besser entschädigt (zunehmend mittels individueller Boni), je näher sie der Unternehmensspitze und damit den Investoren ist – ganz im Gegensatz zu der dazu vergleichsweise marginalen Erhöhung der Entschädigungen der den eigentlichen Mehrwert schaffenden »einfachen Angestellten« [18]. Diese werden damit getröstet, dass Geld ohnehin kein Motivator sei.

Dennoch: Wie diese Führung gestaltet wird, kann von den Führenden im Rahmen ihrer primär nach »oben« orientierten Verantwortung selbst bestimmt werden, um diese zwei Aspekte abzudecken:

⇨ Wie gut passt die geführte Instanz (Organisationseinheit oder Person) zum Kontext (Beurteilung)?
⇨ Was kann verändert/bereitgestellt werden, um die Passung zu verbessern (Förderung)?

Bei einer Matrixorganisation, bestehend aus – sehr oft temporären und projektspezifischen – Teams mit Mitgliedern aus verschiedenen funktionalen Linien, ist die beurteilende und fördernde Führungskraft der jeweiligen Einheit der Linienorganisation jedoch recht weit entfernt vom Alltag des Teams. Ein reales Beispiel dafür findet sich auf Seite 28 in [19]. Auf Basis welcher Beobachtungen und Informationen können diese weit entfernten Führungskräfte ihre Mitarbeitenden beurteilen und fördern? Es entsteht quasi eine Führungslücke und die Informationen über die Mitarbeitenden kommen auf indirekten Wegen zur Führungskraft, oft durch informelle und zufällige Gespräche oder etwa via schriftliche und somit beliebig interpretierbare 360-Grad-Feedbacks von Personen, die der/die Mitarbeitende selbst ausgesucht hat.

Stabile Teams mit Teamleitern ermöglichen die situative Führung

Im Gegensatz dazu ist es besser und transparenter, wenn über zwei und mehr Jahre hinweg personell stabile Teams mit je einem eng mit dem Team zusammenarbeitenden Teamleiter gebildet werden. Dieser kann dann z. B. bei PRINCE2 auch die Rolle des Teammanagers und bei Scrum jene des Scrum Masters übernehmen. Unter »Führungskraft« verstehe ich hier nicht den die Details der Arbeiten planenden, zuweisenden und kontrollierenden Hierarchen, sondern eine den Rahmen der Teamarbeit setzende und schützende und die Teammitglieder individuell fördernde Führungspersönlichkeit. Also auch auf Teamebene die oben erwähnte »Light-Tight Governance«.

Bei Unternehmen mit Fokus auf plattformbasierte Lösungen und auf umfassende kundenspezifische Anwendungssysteme ist die Bildung solcher personell stabiler Teams gut möglich und in Hinblick auf die Kontinuität und Kompetenzvertiefung der projektübergreifenden Produktentwicklung auch sinnvoll. Im Gegensatz dazu ist bei der (SW-)Entwicklung als eher punktueller Dienstleistung die projektbasierte Arbeit mit jeweils pro Projekt unterschiedlich zusammengesetzten und eher kurzlebigen Teams üblich. Ein Teamleiter pro kurzlebigem Team ist dann nicht sinnvoll. Firmen mit diesem Fokus sind jedoch in der Regel eher klein und ohne ausgeprägte Führungshierarchie. Die Problematik »formeller« Führungsarbeit stellt sich dort weniger.

Flexible Hierarchien?

Bei der großen Mehrheit der Unternehmen ist, wie bereits beschrieben, das Management primär gegenüber den Eigentümern und nicht gegenüber den Mitarbeitenden verantwortlich – sofern diese nicht auch die Eigentümer sind. Daraus folgt ein im Kern von »oben« (den Eigentümern) nach »unten« gerichtetes Führungsprinzip unter Berücksichtigung der jeweils minimal nötigen bis maximal möglichen Partizipation der Mitarbeitenden.

Welche Art der Führungsstruktur ist unter diesen Voraussetzungen eine brauchbare Basis für die je nach Vorgehensmodell spezifischen

Rollen der Produktentwicklung und des Projektmanagements? Feste Hierarchien? Flexible Netzwerke?

Chancen und Grenzen von Hierarchien und Netzwerken

Hierarchisch gestufte Führungsstrukturen machen durchaus Sinn: Komplexität wird durch die Konstruktion von Systemen, Teilsystemen und Abstraktionsebenen, also von hierarchischen Ebenen, handhabbar. Zudem entspricht die stufenweise Steuerung den üblichen Verantwortlichkeits- und ihnen entsprechenden Machtstrukturen beginnend beim via »Aktionärsdemokratie« gewählten und im Sinne eines ordentlichen Kaufmanns haftbaren Aufsichtsrat.

Aber: Je dynamischer sich die Umgebungskomplexität (Märkte, Technologien, Mitbewerber, …) verändert, desto größer wird der Aufwand zur fortlaufenden Anpassung der hierarchischen Strukturen und der darauf beruhenden stufenweise verfeinernden Steuerungs- und stufenweise verdichtenden Rückmeldemechanismen. Als effizientere Alternative werden dynamische Netzwerke gesehen. Sie erfordern aber eine permanente Investition in die Sicherstellung der nötigen Interoperabilität zwischen *allen* und auch *gleichberechtigten* Knoten (Personen, Teams), damit jederzeit und spontan jeder der Netzwerkknoten mit irgendeinem anderen Knoten auf Augenhöhe in Beziehung treten kann und damit ein globales und nicht nur für den Knoten lokales Optimum entsteht. Wenn die Interoperabilitätskompetenz einiger Knoten jedoch mehr gefördert wird als die Kompetenz anderer, etwa infolge ungleicher Verfügbarkeit von Information, dann verliert das Netzwerk seine Adaptionsfähigkeit und wird starr – ähnlich wie ein hierarchisches System. Diese Ungleichheiten führen dann zu bevorzugten Netzwerkknoten und damit zu intensiv genutzten Pfaden zwischen diesen bevorzugten Knoten und zur Vernachlässigung und schlussendlich Verkümmerung anderer Knoten und Pfade, wie in Abbildung 4 gezeigt.

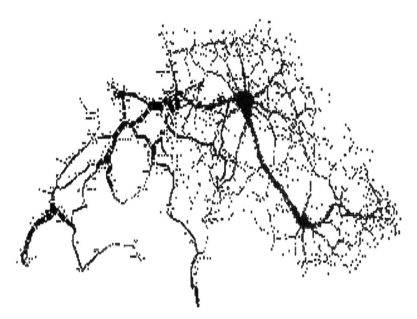

Abb. 4: *Netzwerk mit »Quasihierarchien« am Beispiel von Straßennetzen*

Es ist wie beim Fußball: Jeder Spieler auf einer Verteidigerposition muss auch als Stürmer gut funktionieren können – und umgekehrt. Das bedingt – nebst Talent – auch einen hohen permanenter Trainingsaufwand. Letzten Endes also ist es eine Frage des Aufwands für die fortlaufende Investition in die Pflege und Anpassung der Struktur (Hierarchie oder Netzwerk) im Vergleich zum Nutzen der damit gewonnenen Stabilität oder spontanen Adaptionsfähigkeit. Es gibt also nicht *die* einzig richtige Lösung.

Dynamische Kreisorganisation als Option

Eine andere Alternative ist die dynamische Organisationsstruktur auf Basis der Soziokratie [20] oder Holacracy™ [21]. Ein gutes Beispiel für die praktische Anwendung dieser Form der Organisation und Führungsmethode im Bereich der SW-Entwicklung ist Adscale Laboratories Ltd. [22]

Wesentliche Merkmale dieser Organisationsform sind:
⇨ *Eine Organisation besteht aus teilautonomen »Kreisen«,* die in übergeordnete Kreise eingebettet sind. Jeder Kreis trifft innerhalb des als seinen Kontext definierten Rahmens (er wird vom übergeordneten Kreis festgelegt) autonome Entscheidungen. Das sieht zunächst wie eine übliche Hierarchie aus. Im Unterschied dazu sehen die Mitglieder ihren Kreis jedoch nicht primär als »Arena der Einzelinteressen« sondern als »wertschaffenden Kreis«. Und jeder Kreis ist zum autonomen Entscheiden und Handeln innerhalb seines vom übergeordneten Kreis definierten Rahmens ermächtigt und legt (im Sinne der weiter oben erwähnten Kontextsteuerung im Gegensatz zum Mikromanagement) die Rahmen für die ihm untergeordneten Kreise fest. Jeder Kreis ist verpflichtet, fortlaufend Rechenschaft darüber abzulegen, inwieweit er und die ihm untergeordneten Kreise für das Unternehmen wertschaffend sind. Und sie haben sich dementsprechend fortlaufend anzupassen oder aufzulösen.
⇨ Die als dynamische Hierarchie organisierten Kreisen sind *doppelt verknüpft:* In jedem Kreis gibt es einerseits einen auch dem übergeordneten Kreis angehörenden Kreisleiter *(Lead Link).* Er stellt die Beachtung des für den Kreis vom übergeordneten Kreis festgelegten Rahmens (den Kontext) sicher. Andererseits gehören einem Kreis auch die Repräsentanten aller ihm unmittelbar untergeordneten Kreise, die *Rep Links,* an. *Die Lead Links* entsprechen in etwa den Führungskräften der einzelnen Kreise. Die *Rep Links* werden vom Kreis, den sie repräsentieren, gewählt. Überlegen Sie, was sich in Ihren Unternehmen verändern würde, wenn in den einzelnen Gremien neben den Leitern der dort vertretenen Organisationseinheiten auch je eine von diesen Organisationseinheiten delegierte Person sitzt, also nicht nur die »von oben« eingesetzten Leiter, sondern auch von den Organisationseinheiten gewählte Vertreter!

⇨ Die Beschlüsse in allen Kreisen beruhen auf »Konsent« im Gegensatz zu »Konsens«. Das bedeutet: Entscheide werden nicht als Mehrheitsentscheide (und daher mit überstimmten Minderheiten) und nicht mit dem Anspruch, dass alle einverstanden sind (= Konsens), gefällt, sondern so, dass es keine Gegenstimme gibt, also alle Beteiligten mit dem Entscheid leben können.

⇨ Jeder Kreis steuert, koordiniert und optimiert seine Arbeit mit drei Arten von Meetings:

– *Führungs-Meeting*
Es findet regelmäßig (z. B. monatlich oder pro Quartal) statt. Es dient der Reflexion der Arbeit des Kreises, dem gemeinsamen Lernen und der fortlaufenden Verbesserung der eigenen Arbeitsweise und der Rahmensetzung für die im Kreis vertretenen untergeordneten Kreise.

– *Wöchentliches taktisches Meeting*
Es dient der Synchronisation der Arbeiten der im Kreis vertretenen untergeordneten Kreise und dem Erkennen und Beheben von Hindernissen. Es folgt einer zu Beginn des Meetings vereinbarten straffen Agenda innerhalb eines eher engen zeitlichen Rahmens. Dabei müssen alle Punkte der Agenda erledigt werden.

– *Daily Stand-up Meeting*
Es entspricht dem gleichnamigen Meeting bei XP oder Scrum.

Wie werden ein Unternehmen und seine Führungskultur agil?

Provokante Gegenfragen:

⇨ Was wird im Unternehmen und von seinen Führungskräften unter »agil« verstanden?

⇨ Und warum überhaupt muss es agil werden? Was genau wird dann besser?

Vergegenwärtigen wir uns doch zunächst Folgendes: Dass »agil« heute in der SW-Entwicklung in aller Munde ist und sich dieser Begriff nun auch zunehmend außerhalb dieser Branche verbreitet, hat seinen Ursprung im 2001 formulierten »Manifest für Agile Softwareentwicklung« [23]. 17 Vertreter damals verbreiteter »leichtgewichtiger« Vorgehensweisen der vor allem objektorientierten SW-Entwicklung formulierten darin alle für diese Vorgehensweisen gemeinsam charakteristischen Merkmale. Dabei wurde auch ein für das Management »anschlussfähigerer« Name anstelle von »leichtgewichtig« gesucht und im Wort »agil« gefunden. Interessant ist, dass Kent Beck (der Mitbegründer von eXtreme Programming) damals anstelle von »agile development« »conversational development« als Bezeichnung für den zentralen Aspekt dieser Vorgehensweisen vorschlug. Alle diese leichtgewichtigen Vorgehensweisen sind nämlich davon geprägt, dass es möglichst wenig Arbeitsübergaben (hand over) zwischen isoliert arbeitenden Spezialisten gibt und die Nutzer möglichst eng in den Entwicklungsprozess miteinbezogen sind. Stattdessen entsteht die Software schrittweise als Teamleistung mit permanenter Mitwirkung des Nutzers, der anhand der jeweils (zumindest als Prototyp) realisierten Lösung deren Nutzbarkeit überprüfen und seine Anforderungen präzisieren und korrigieren kann. Diese Arbeitsweise erfordert ein hohes Maß an fortlaufender Konversation im Team und mit dem/den Nutzer/n im Team. (Unter »Konversation« wird hier – im Sinne des vorher erwähnten »conversational development« – nicht irgendeine und oft schriftliche und daher asynchrone Art der Kommunikation, sondern ein konstruktives Gespräch von Angesicht zu Angesicht verstanden. Konversation ist kein Small Talk, sondern stellt eine leider unterschätzte innovative Kraft dar. Für Lester und Piore etwa ist Konversation die »missing dimension« im Innovationsmanagement [24].)

Konversation als zentraler Aspekt

Genau dieser zentrale Aspekt der von fortlaufender Konversation im Team geprägten Arbeitsweise ist inzwischen jedoch etwas in den Hintergrund getreten. So beklagt etwa Martin Fowler, einer der 17 Verfasser des »Agilen Manifests«, immer wieder (so auch in seiner Keynote an der OOP2014 in München) das verbreitete Missverständnis agiler Methoden, wonach ein mit dem Business und den Kundenwünschen vertrauter Product Owner (oder Business Analyst) das beschreibt, *was* zu tun ist, und die mit der Technologie vertrauten Entwickler das *Wie* bestimmen und die (z. B. als User Stories) beschriebenen Anforderungen realisieren [25]. Das bedeutet jedoch nicht den Verzicht auf Schriftlichkeit. Dokumente sind unabdingbar für das Festhalten dessen, was im Gespräch erarbeitet wurde und auch in Zukunft nachvollziehbar sein muss. Es bedeutet jedoch, dass Dokumente nicht als Ersatz für die Konversation dienen dürfen.

Dieses vor allem auf Konversation basierende Vorgehen steht im Gegensatz zu einer auf standardisierten und strikten Arbeitsabläufen und klar beschriebenen Übergabeschnittstellen zwischen den Arbeitspaketen beruhenden Arbeitsorganisation und ist nur unter bestimmten Rahmenbedingungen angemessen, wie in Abbildung 1 gezeigt. Es ist in Situationen angemessen, die von einem hohen Maß an Unplanbarkeit, Überraschungen und dynamischen Kontexten geprägt sind und ein schrittweises Vorgehen zu vertretbaren Kosten erlauben. Dieses Vorgehen entspricht einer fortlaufenden Abfolge jeweils kurzer Interventionszyklen, bestehend aus den Schritten der zu komplexen Situationen passenden *interventionsorientierten Führung*: Beobachtung – Reflexion – Entscheidung – Intervention – Beobachtung – …, siehe [26].

Ob es sinnvoll ist, dass ein Unternehmen und seine Führungskultur ausschließlich in *diesem* Sinn »agil« werden, hängt davon ab, inwieweit das überhaupt nötig und möglich ist. Dieses Vorgehen auch auf gut vorhersehbare und mit Standardprozessen routinemäßig und effizient beherrschbare Situationen anzuwenden, würde die Zuverlässigkeit der Leistungserbringung verringern und deren Kosten erhöhen.

Aber auch bei einem auf einzelnen Spezialisten via strikte Arbeitsabläufe und klar beschriebene Übergabeschnittstellen zwischen den Arbeitspaketen beruhenden Vorgehen ist die Konversation aller Beteiligten in angemessenem Umfang unabdingbar. Sinnvoll ist es insbesondere auch hier, die im Abschnitt »Dynamische Kreisorganisation als Option« erwähnten drei Arten von Meetings regelmäßig durchzuführen. Damit nämlich werden die strikten Arbeitsabläufe fortlaufend hinterfragt, um rechtzeitig auf eine bessere Arbeitsweise umstellen zu können.

Organisationen und Prozesse entstehen nämlich nicht dadurch, dass sie beschrieben und »verordnet« werden. Aus Menschen gebildete Organisationen und von Menschen erledigte Arbeitsprozesse sind lebendige Systeme und als solche transient, nicht persistent. Sie entstehen und leben erst durch die permanente Konversation. Konversationsblockaden sind Organisations- und Prozessblockaden.

Fragen Sie sich doch einmal: Wo ist die Organisation, der Prozess, wenn alle schlafen, also keine Konversation betreiben und auch nicht zusammenarbeiten? Sie sind nicht vorhanden. Sie entstehen erst dann wieder, wenn sich die Beteiligten am nächsten Morgen zusammenfinden und gemeinsam entscheiden, weiterhin wie bisher zusammenzuarbeiten – oder sich darauf verständigen, es ab jetzt etwas anders zu tun.

Auf der Ebene jedes Teams – bis zum Managementteam auf der Direktionsstufe – entsteht erst durch die permanente auf sich selbst gerichtete Konversation innerhalb des Teams unter Beachtung des dem Team gesetzten Rahmens die *Selbstorganisation*. Diese Konversation zu erleichtern, ist einer der wichtigsten Dienste des Teamleiters für das Team und auch des CEO des Direktionsteams.

Was genau will das Unternehmen verbessern?

Die Schlüsselstellung der Konversation ist eine der essenziellen Einsichten zur (Selbst-)Gestaltung erfolgreicher Unternehmen. Geht es also darum, dass alle Teams eine fortlaufende Konversation insbesondere darüber führen, wie sie »agil« (oder »agiler«) werden?

Nein. Statt zu fragen: »Wie werden wir agil?« steht in jedem Team folgende Frage im Vordergrund: »Was ist im Moment gut genug – was müssen wir verbessern?«

Um das zu beantworten, sollten Sie – bevor Sie sich mit spezifischen Philosophien (wie *Lean* oder *Agile*), Vorgehens-Frameworks oder Methoden (wie Kanban, Scrum, SAFe. PRINCE2, RUP, V-Modell etc.) beschäftigen – Folgendes tun:

Ein Gedankenexperiment

Angenommen, Sie setzen sich mit Ihren Team in eine Zeitmaschine und beamen sich fünf Jahre in die Zukunft. In eine Zukunft, in der Ihr Unternehmen ein optimales Vorgehen im Bereich xxx praktiziert.

⇨ Woran werden Sie dieses optimale Vorgehen bereits in den ersten Stunden und Tagen anhand strategisch relevanter konkreter Beobachtungen erkennen?

⇨ Was werden Ihnen Ihre Kunden/Leistungsbezieher erzählen, was sich in den letzten fünf Jahren für sie markant verbessert hat – und was sie sogar begeistert?

⇨ Und was werden die Mitarbeitenden erzählen, was sich in den letzten fünf Jahren für sie markant verbessert hat – und was sie stark motiviert?

Notieren Sie all das, was Sie beobachten und von Ihren Kunden und den Mitarbeitenden zu hören bekommen. Nehmen Sie diese Notizen mit in die Zeitmaschine und beamen Sie sich wieder zurück ins Jetzt. Leiten Sie jetzt aus Ihren Notizen all das ab, was Ihre »besten Hoffnungen« für ein in fünf Jahren optimales Vorgehen sind. (Eine ausführliche Beschreibung der Technik solcher »Reisen in die Zukunft« finden Sie in [27].)

Formulieren Sie diese »besten Hoffnungen« möglichst spezifisch und mit konkret beobachtbaren Kriterien. Vermeiden Sie dabei Fachbegriffe aus der »agilen Szene« (die in fünf Jahren vielleicht nicht mehr in Mode ist), sondern umschreiben Sie alles in allgemein verständlichen »5-Cent-Worten«. Etwa so: »Die Kunden unserer CRM4KMU-Lösung erhalten nur noch zweimal pro Jahr einen umfassend getesteten Release ohne kurz darauffolgende Updates.« Oder: »Pro Release erhalten wir von max. 0,2 % der Kunden unserer CRM4KMU-Lösung Fehlermeldungen.«

Diese nicht als vage Vision oder allgemeines Leitbild, sondern als konkrete Ziele formulierten »besten Hoffungen« sind nun Ihre Messlatte für mögliche und stets an Ihr Unternehmen anzupassende Vorgehens-Frameworks oder Methoden Ihrer künftigen Art der Arbeit.

Das können in gut voraussehbaren und standardisierbaren Gebieten auch auf strikten arbeitsteiligen Prozessen beruhende Methoden sein. Entscheidend ist, rechtzeitig zu erkennen, wann eine Vorgehensweise oder Organisationsform nicht mehr angemessen ist. Wichtig sind also die folgenden, oben bereits genannten Fähigkeiten:

⇨ *Reaktionsfähigkeit:* die Fähigkeit, auf eine Veränderung der Umgebung rechtzeitig zu reagieren

⇨ *Flexibilität:* die Fähigkeit, mehrere Lösungsmöglichkeiten einzusetzen und nahtlos von einer zur anderen überzugehen

⇨ *Anpassungsfähigkeit:* die Fähigkeit, Arbeitsprozesse zu ändern, und die Fähigkeit, die Organisation zu ändern

Agile Kultur der Agilität

Das ist »agil« in einem umfassenderen Sinn: eine »agile Kultur der Agilität« anstelle einer Agilität, die nur auf wenige spezielle (insbesondere von Scrum abgeleitete) Vorgehensweisen beschränkt ist. Es geht also nicht darum, als Unternehmen spezifische, als »agil« bezeichnete Methoden und Vorgehensweisen einzuführen, sondern darum, die im Abschnitt »Führung ja – aber ‚agil'« aufgeführten sechs Fähigkeiten zu entwickeln, nämlich: robust, belastbar, reaktionsfähig, flexibel, innovationsfähig und anpassungsfähig zu sein.

⇨ Investitionen zur Entwicklung dieser Fähigkeiten sind Investitionen in eine von diesen Fähigkeiten geprägte Unternehmenskultur. Ob diese Art von Kultur »agil« genannt wird, ist Geschmacks- und Nebensache.

⇨ Diese Investitionen sind langfristig und von strategischer Bedeutung.

⇨ Diese Investitionen in die Unternehmenskultur bilden die tragfähige Basis für kurzlebige und stets anzupassende, jeweils passende Vorgehensweisen.

⇨ Investitionen nur in Vorgehensweisen sind Verschwendung.

Wenn wir die letzten zwei Jahrzehnte der SW-Entwicklung und des Managements von SW-Projekten betrachten, dann stellen wir ein Kommen und Gehen von diversen – oft hypeartigen – Vorgehensweisen und Methoden fest [28]. Bis ungefähr 2005 dominierte Extreme Programming (XP) die agile SW-Entwicklung. Daneben waren auch Scrum, die Crystal Family of Methodologies, Feature Driven Development (FDD), die Dynamic Systems Development Method (DSDM) und das Adaptive Software Development (nebst anderen) verbreitet. Ab etwa 2005 entwickelte sich Scrum rasch zur heute bekanntesten agilen Vorgehensweise der SW-Entwicklung auf Teamebene, jedoch unter Einschluss vieler von XP stammenden Techniken. Die Problematik der für Scrum typischen starren Sprints und der bei der dogmatischen Einführung von Scrum das Unternehmen oft überfordernden Organisationsänderungen wird durch das erst seit 2010 breiter bekannte, von David J. Anderson für die SW-Entwicklung angepasste Kanban entschärft. Es verbreitet sich derzeit rasch und wird auch mit Scrum zu »Scrumban« kombiniert. Zur team- und projektübergreifenden agilen Abstimmung der projektunabhängigen fortlaufenden Produktentwicklung auf Programm- und Portfolioebene verbreitet sich derzeit das »Scaled Agile Framework for Enterprises« (SAFe) von Dean Leffingwell. Large Scale Scrum (LeSS) und Discipled Agile Delivery (DAD) haben ähnliche Zielsetzungen. Und für das agile Management von Projekten gewinnen DSDM und PRINCE2 als Rahmen für die Arbeit einzelner agiler Teams an Bedeutung.

Was in fünf oder zehn Jahren die Szene der SW-Entwicklung prägen wird und inwieweit dann »agil« (oder »lean«) immer noch dominante Begriffe sein werden, kann heute niemand voraussagen.

⇨ Längerfristig ausgelegte strategische Investitionsentscheide für spezifische Entwicklungs- und Projektvorgehen sind also mit einer hohen Unsicherheit verbunden.

⇨ Die Kultur des Unternehmens, die Art seiner Produkte und die Rahmenbedingungen seines Marktes bestimmen, wie vielfältig die eingesetzten Vorgehensweisen sein und wie dynamisch sie verändert werden können oder müssen.

⇨ Mit der Einführung von Vorgehensweisen und Methoden im Bereich der Produktentwicklung und des Projektmanagements wird die Kultur des Unternehmens nicht verändert. Im Gegenteil: Nicht zur Kultur Passendes wird so lange verbogen, bis es zur Kultur passt – und damit seiner erhofften Wirkung beraubt.

Es geht nicht darum, den Mitarbeitenden und den Teams die Vorgehensmethoden vorzuschreiben, sondern darum, ihnen den Rahmen ihrer Arbeit zu setzen.

⇨ Was hat wann in welcher Qualität vorzuliegen?

⇨ Wie gehen wir vor, wenn erkannt wird, dass dieser Rahmen modifiziert werden muss?

⇨ Wie ist sichergestellt, dass die Mitarbeitenden und die Teams die angemessenen Mittel und Kompetenzen zur Erfüllung des Rahmens – also zur Leistungserbringung – haben?

Mit welcher Arbeitsweise die Mitarbeitenden und die Teams diese Rahmensetzung erfüllen, liegt in deren Verantwortung – ganz im Sinne der oben erwähnten »Light-Tight Governance«.

Wie funktioniert diese Reise zur »agilen Kultur der Agilität«?

Es gibt dafür kein Pauschalreiseangebot. Es existieren keine Best Practices, sondern ganz verschiedene Ausprägungen der »agilen Agilität« und des Wegs dorthin. Selbst innerhalb eines Unternehmens können sich diese Ausprägungen und die Wege dorthin je nach Bereich und Team unterschiedlich und je nach aktueller Situation im und rund um das Unternehmen immer wieder ändern.

»Agilität« für ein Unternehmen bedeutet also nicht, sich einer der als »agil« bezeichneten Vorgehensweisen zu verpflichten, sondern je nach Situation in den einzelnen Bereichen und Teams das jeweils angemessene Vorgehen zu praktizieren, solange es passt, und rasch zu einem anderen Vorgehen zu wechseln, wenn es sich als passender anbietet. Erfolgsentscheidend ist eine agil genutzte Agilität, nicht das dogmatische und schmerzhafte Verfolgen irgendeines Frameworks.

Führt diese »agile Agilität« nicht zu einer überfordernden Vielfalt? Sollte Agilität nicht eher zu einer markanten Vereinfachung führen? Vereinfachung – ja, aber im Sinne eines drastischen Abbaus des zentralistischen Mikromanagements überall dort, wo es nicht passt, zugunsten des Vertrauens in die Selbststeuerungsfähigkeit der Mitarbeitenden und der Teams.

Jedes Unternehmen, jede Organisationseinheit darin hat seine eigene, unverwechselbare und recht stabile Kultur. Sie ist das Ergebnis jahrelanger Prozesse der Organisations-, Personal- und Führungsentwicklung, geprägt von der permanenten Konversation und Kooperation aller am Unternehmen in irgendeiner Form Beteiligten. Diese Kultur zu verändern, bedeutet die Veränderung vertrauter Methoden der Kommunikation, Kooperation und Führung. Eine Auswahl alternativer Methoden zur Förderung der agilen Kultur der Agilität findet sich in [29].

Wer ist der »Reiseleiter« auf dieser kulturverändernden »Individualreise«? Die schlechte Nachricht: Es gibt keinen Reiseleiter, den Ihr Unternehmen dafür engagieren kann. Die gute Nachricht: Sie haben bereits genug Reiseleiter. Alle Manager und Führungskräfte des Unternehmens – beginnend beim Topmanagement – sind die Reiseleiter. Das nämlich ist eine ihrer ganz zentralen Führungsaufgaben. Diese Aufgaben können von den Führungskräften auch nicht an ein *Transition Team* oder an *Change Agents* delegiert werden. Sie selbst sind das Transition Team, die Change Agents. Die Reise beginnt damit, dass alle Manager und Führungskräfte des Unternehmens, unterstützt von qualifizierten Organisations- und Personalentwicklungsberatern, zu solchen Reiseleitern werden. Nicht nur die bloße Unterstützung durch die Entscheidungsträger – beginnend beim Topmanagement auf Geschäftsleitungsebene – ist essenziell. Erfolgsentscheidend ist deren beispielhaftes Vorleben. Aktuelle Erkenntnisse der Organisationsentwicklung widersprechen klar der Machbarkeit einer Veränderung allein »von unten nach oben« (bottom up), oft verbunden mit dem Infragestellen hierarchischer Machtstrukturen.

Ein Unternehmen zu verändern, ist ein hoch komplexes Kunstwerk. Die Künstler sind kein temporär zusammengestelltes Change Team, das »das Unternehmen verändert«, damit die große Mehrheit der Mitarbeitenden weiterhin möglichst ungestört ihrer Arbeit nachgehen und irgendwann von diesem Team unterwiesen werden kann, bestimmte Dinge zu ändern. Die Veränderungskünstler sind von Anfang an *alle* Mitarbeitenden, denn *diese* leisten die Veränderung. Unterstützt werden sie dabei von den Führungskräften.

Solche Veränderungen sollten nur bei einem erheblichen Handlungsdruck linear geplant und als »Big Bang« in aller nötiger Tiefe und Breite umgesetzt werden. In allen anderen Fällen ist ein schrittweises Lernen und Adaptieren besser, also ein adaptives und inkrementelles Vorgehen.

Die Veränderung des Unternehmens ist kein Sonderfall, kein spezielles Projekt mit einem definierten Ende. Sie erfolgt zeitlich unbegrenzt und als schrittweise Adaptionen im Rahmen der tagtäglichen Arbeit. Entscheidend dabei ist die unternehmensweite transparente Information über die Veränderungsvorhaben, insbesondere auch über jene, die vor allem das Middle- und Topmanagement betreffen.

Die Aufmerksamkeit jedoch nur auf die Veränderungen zu richten, führt zur Überforderung und zu einem »Chronic Change Fatigue Syndrom« [30]. Zusätzlich muss auch die Stabilität bewusst gestärkt werden, indem all das Vorhandene und Funktionierende ausdrücklich anerkannt und gestärkt wird. Neben dem Veränderungsmanagement ist auch ein *Stabilitätsmanagement* unabdingbar.

Literatur

[1] MAREK, DANIEL: *IT-Leadership: Mut zu neuen Mustern. In: OBJEKTspektrum, SIGS DATACOM GmbH, Troisdorf, Heft 05/2014*

[2] KORN, HANS-PETER: *Das »agile« Vorgehen: Neuer Wein in alte Schläuche – oder ein »Déjà-vu«? In: 37. WI-MAW Rundbrief des GI-Fachausschusses »Management der Anwendungsent-wicklung«, April 2014, ISSN 1610-5753, S. 17–38; http://www.korn.ch/archiv/publikati-onen/WI-MAW-Rundbrief2014-1final-alter-Wein.pdf*

[3] SCHWABER, KEN: *Blog: Telling It Like It Is; http://kenschwaber.wordpress.com/2014/07/30/agile/*

[4] SCHNEIDER, WILLIAM E.: *The Reengineering Alternative: A Plan for Making Your Current Culture Work. Mcgraw-Hill 1999; https://www.yumpu.com/de/document/view/15689568/power-to-the-edge-researchgate*

[5] SCHNEIDER, WILLIAM E.: *Why Good Management Ideas Fail – Understanding Your Corpo-rate Culture. 1999; http://www.parshift.com/Speakers/Speak016.htm*

[6] PELZ, WALDEMAR: *Transformationale Führung. http://www.transformationale-fuehrung.com/*

[7] ALBERTS, DAVID S.; HAYES, RICHARD E.: *Power to the Edge. Übersetzt von Wilfried Hone-kamp. Re Di Roma-Verlag, 2009*

[8] TÜRCKE, CHRISTOPH: *Erregte Gesellschaft. Philosophie der Sensation. C.H. Beck, 2002*

[9] WOLF, HARALD: *Partizipatives Management – was bleibt? Expertise für die Hans-Böckler-Stiftung. Soziologisches Forschungsinstitut Universität Göttingen, Juli 2003; http://www.sofi-goettingen.de/fileadmin/Harald_Wolf/Material/Wolf_Partizipatives_Manage-ment.pdf*

[10] FUCHS, CHRISTIAN: *Internet and Society: Social Theory in the Information Age. Routledge. Re-print edition, 2008*

[11] MALIK, FREDMUND: *Der Mythos vom Team. managerSeminare Heft 33; Oktober 1998; http://tinyurl.com/malik-mythos-team*

[12] VON FOERSTER, HEINZ; PÖRKSEN, BERNHARD: *Wahrheit ist die Erfindung eines Lügners. Gespräche für Skeptiker. Carl-Auer-Systeme Verlag, 2006*

[13] SEMLER, RICARDO: *Maverick: The Success Story Behind the World's Most Unusual Workplace. Grand Central Publishing; Reprint edition, 1995*

[14] OPELT, ANDREAS; GLOGER, BORIS; PFARL, WOLFGANG; MITTERMAYR, RALF: *Der agile Fest-preis: Leitfaden für wirklich erfolgreiche IT-Projekt-Verträge, Carl Hanser, 2012*

[15] WERNHAM, BRIAN: *Agile Project Management for Government. Maitland and Strong, 2012*

[16] WILLKE, HELMUT: *Controlling als Kontextsteuerung – Zum Problem dezentralen Entschei-
      dens in vernetzten Organisationen. In: SuperControlling – vernetzt denken, zielgerichtet
      entscheiden. Hg. von Eschenbach, Rolf. Wien: WUV, 1989, S. 63–92*

[17] *InfoQ, Scaling Agile At Spotify: An Interview with Henrik Kniberg, 2013;
      http://www.infoq.com/news/2013/04/scaling-agile-spotify-kniberg*

[18] LAMPART, DANIEL; GALLUSSER, DAVID: *Boni und wachsende Lohnschere. Dossier Nr. 97,
      Schweizerischer Gewerkschaftsbund, Oktober 2013; http://www.sgb.ch/uploads/me-
      dia/131030_Dossier.pdf*

[19] KORN, HANS-PETER: *Die agile Organisation – Irritationen statt Trivialisierungen. Treffen der
      Agile Rhein/Main, 10. April 2014, Wiesbaden; http://www.korn.ch/archiv/seminare/Agile-
      RM-Agile-Organisation-handout.pdf*

[20] *http://de.wikipedia.org/wiki/Soziokratie*

[21] *http://holacracy.org*

[22] *Dynamische Kreisorganisation bei Adscale Laboratories Ltd: http://youtu.be/ReXNOoDbdik*

[23] *http://agilemanifesto.org/iso/de/*

[24] LESTER, RICHARD K.; PIORE, MICHAEL J.: *Innovation – the missing dimension. Cambridge:
      Harvard University Press, 2004*

[25] FOWLER, MARTIN: *Conversational Stories. Blog vom 4. Februar 2010; http://martinfowler.
      com/bliki/ConversationalStories.html*

[26] HUBER, ANDREAS; KUHNT, BEATE; DIENER, MARKUS: *Projektmanagement: erfolgreicher
      Umgang mit Soft Factors. Zürich: VDF, 2011*

[27] KORN, HANS-PETER: *Blick zurück in die Zukunft. In: Solution Tools. Hg. von Röhrig, Peter.
      managerSeminare Verlags GmbH, 2008, S. 145 ff.*

[28] KORN, HANS-PETER: *Agil seit mehr als 20 und in mehr als 20 Jahren. Sonderbeilage
      »20 Jahre OBJEKTspektrum« in OBJEKTspektrum, SIGS DATACOM GmbH, Troisdorf,
      Heft 1/2014*

[29] KORN, HANS-PETER: *Umstellung auf agile SW-Entwicklung: Schaffen kultureller Vorausset-
      zungen. In: IT-Servicemanagement – Praxishandbuch für Compliance und Wirtschaftlichkeit
      in der IT. Hg. von Bartsch, Oliver; Lindinger, Markus. TÜV Media, 2013 und 2014;
      http://tinyurl.com/tuev-media-agile-kultur*

[30] ZUCKER, BETTY: *Chronic Change Fatigue Syndrom. In: GDI-Impuls Heft 2 (2002), Gottlieb
      Duttweiler Institut, Rüschlikon/Zürich; http://www.bettyzucker.ch/download/chronic_chan-
      ge_fatigue.pdf*

Zusammenfassung

Nach der Diskussion von »Führung« und »Agilität«
vor dem Hintergrund der oft vergessenen Kontextab-
hängigkeit wird die oft kontrovers bis dogmatisch
diskutierte Frage erörtert, ob sich selbst organisie-
rende Teams eine Führungskraft benötigen: Vor dem
Hintergrund der transformationalen Führung wird die
heute gängige Idealisierung der Teamarbeit und der
Selbstorganisation infrage gestellt. Stattdessen muss
ein Teamleiter seine Rolle als Führungskraft so gestalten, dass Führung als rahmensetzende Kontextsteuerung und nicht als Mikromanagement verstanden wird
und die Mitarbeitenden und Teams rasch die jeweils
optimale Arbeitsweise innerhalb des Rahmens selbst
wählen können. Das kann die bisher praktizierte Art
der Führung massiv verändern. Ob eine hierarchische
oder netzwerkartige rahmensetzende Führungsor-
ganisation passender ist, hängt vom Kontext ab. Die
dynamische Kreisorganisation könnte eine Option
sein. Ein sich demokratisch gestaltendes Unternehmen
bedeutet jedoch, dass alle Mitarbeitenden Eigentümer
des Unternehmens sind – analog zum demokratischen
Staat, der seinen Bürgern gehört. Eine Organisation ist
als Produkt der permanenten Konversation aller die
Organisation bildenden Menschen zu verstehen. Dieser
Konversation zu fördern ist eine zentrale Führungsaufgabe. Eine Organisation ist dann agil, wenn immer wieder gefragt wird, was im Moment gut genug und was
– ganz konkret – zu verbessern ist. Die Veränderung
einer Organisation ist ein permanenter, schrittweiser
und adaptiver Prozess, kein Projekt mit einem klaren
Ende. Die Veränderungen leisten alle Mitarbeitenden,
kein Change Team. Moderatoren dieses Prozesses sind
die Führungskräfte.

Den Mutigen gehört die Welt

»Das interessiert bestimmt ganz viele – sollte es auf
alle Fälle«, sagte eine gute Kollegin und Buchautorin,
als sie erfuhr, worüber ich zu schreiben gedenke. Auch
agiles Management braucht Manager. Was das für
diese in Bezug auf Verantwortung, Mut und Kommunikation heißt, ist sicher auch für Sie interessant.

In diesem Beitrag erfahren Sie:
- wie ein agiler Manager mit dem Thema »Verantwortung« umgehen sollte,
- wie wichtig Mut im Alltag des agilen Managements ist und
- wie Sie mit Kommunikation die Organisation
  bewegen.

Martin Talamona

Einführung

Agile Organisation, agile Mitarbeiter, agiles Management: »Agilität« ist
das Modewort, der Heilsbringer, der Erfolgsfaktor – und das Problem
zugleich. Unternehmen, die sich dem globalen, sich ständig verändernden Wettbewerb aussetzen, stehen unter besonderem Druck. Wer
nicht agil ist, bringt nicht die Voraussetzungen mit, um erfolgreich zu
sein. Diese heikle Ausgangslage erzielt nicht nur Wirkung am Markt,
sondern auch nach innen in die Organisation. Sind wir nicht agil und
damit auch erfolglos? Agiles Management ist gefordert.

Abb. 1:   *Grundhaltung*

Grundhaltung

Ich glaube an den Willen des Menschen, Gutes zu tun. Ich glaube daran, dass er Verantwortung tragen und mutig sein will. Ich glaube an ihn als Wesen, das in der Lage ist, Informationen zu verstehen, darüber nachzudenken und zu handeln. Ich bin mir bewusst, dass es diese Menschen sind, die meine Firma prägen und ihren Erfolg ausmachen.

Eine solche Grundhaltung ist eine zentrale Voraussetzung für ein agiles Management. Es ist die uneingeschränkt positive Haltung gegenüber den Mitarbeitenden und drückt das volle Vertrauen in sie aus. Nur auf einem solchen bedingungslosen Vertrauen kann die Kultur wachsen, die wir in der agilen Organisation benötigen.

Dieses Buchkapitel beleuchtet Aspekte, die speziell bei der Transformation eines Unternehmens mit einer klassischen Vergangenheit höchste Aufmerksamkeit verdienen. Drei Thesen, die in Managementkreisen oft genannt werden, bilden hierfür den Rahmen. Eins vorweg: Alle sind wahr und alle sind falsch:

⇨ Die *Verantwortung* trägt immer der Chef.

⇨ *Mutig* zu sein ist wichtig, aber Risiken müssen gemanagt werden.

⇨ Stufengerechte *Kommunikation* ist das A und O in einer Organisation.

Wo die Agilität zu Hause ist

Agilität ist keine neue Erfindung. Seit Jahrtausenden sind wir in der Lage, uns anzupassen, auf Veränderungen zu reagieren und damit zu überleben. Dank unserer Agilität haben wir unsere Umgebung selbst gestaltet. Die gesamte Evolution könnten wir mit unserer Agilität erklären. Mit dieser Fähigkeit können wir seit jeher Ziele erreichen und Erfolge feiern.

Diese Ausgangslage wäre eine gute Basis für eine agile Organisation, bestünde da nicht das Problem mit der Sicherheit. Als Gegenspieler der Agilität hat der Mensch ein ausgeprägtes Sicherheitsbedürfnis. Wir versuchen, wichtige Dinge abzusichern oder zu »versichern«. Ein Ausdruck davon ist zum Beispiel unser Bedürfnis zu planen und zu organisieren. Das gibt uns die vermeintliche Sicherheit zu überleben. Wenn wir uns nicht mehr um unser Überleben kümmern müssen, fühlen wir uns gut.

Abb. 2:   *Sicherheit und Agilität*

97

Die erste und wichtigste Erkenntnis: Der Mensch wird agil geboren. Er ist damit in der Lage, Ziele zu erreichen und Erfolge zu feiern. *Agilität ist für uns kein Problem.*

Die zweite und schwierigere Erkenntnis: Der Mensch wünscht sich Sicherheit und sichert deshalb die Erfolge seiner Agilität ab. Damit verliert die Agilität an Stellenwert. Das Resultat ist Trägheit, das Gegenteil von Agilität. *Unser Sicherheitsbedürfnis ist ein Problem.*

Und da stehen wir nun. Wir haben ein schickes Auto, eine nette Familie, ein schönes Haus und eine tolle Berufskarriere. Alles gesichert mit einer Lebensversicherung, einer Krankenversicherung und einer Rentenversicherung. Im beruflichen Umfeld haben wir alles organisiert. Die Abläufe sind klar, die besten Mitarbeitenden sind eingestellt. Unser Netzwerk wird sorgfältig gepflegt und wichtige Kontakte sind geknüpft. Die Mitarbeitenden haben einen sicheren Arbeitsplatz, ihre Aufgaben und Kompetenzen sind geregelt. Es gibt Funktionsbeschreibungen, Prozessbeschreibungen, Risikobewertungen und Statusberichte. Alles ist auf der sicheren Seite. Doch dann stellen wir irgendwann fest: Wir haben ein Problem, denn wir haben auch die Agilität wegorganisiert. Niemand kann mehr mit Unsicherheit umgehen. Jetzt ist die Agilität doch wieder das Problem.

Dieser durchaus übliche Verlauf ist in Bezug auf das agile Management von Bedeutung. Es ist nicht so, dass wir dem Menschen Agilität beibringen müssen. Vielmehr müssen wir ihm »nur« Mut machen, sie zu benutzen. Agiles Management heißt, den richtigen Umgang mit Sicherheit und Unsicherheit zu finden. Beispielsweise nicht alles zu organisieren, sondern Dingen ihren Lauf zu lassen. Für den Manager bedeutet dies mitunter, nicht Bescheid zu wissen, Entscheidungen nicht zu fällen und damit vielleicht nicht einmal zu wissen, wer eine Entscheidung gefällt hat! Es heißt auch, Kontrolle zu verlieren und zu gewissen Zeiten Machtlosigkeit ertragen zu können. Es gilt, in der Unsicherheit die gewünschte Sicherheit zu finden.

Viele Managementlehren konzentrieren sich stark auf Sicherheit, also auf das Organisieren und das Definieren von Abläufen. Damit erliegen viele Organisationen der Versuchung, ihre Erfolge, also das

Resultat der Agilität, abzusichern. Auf diese Weise gefährden sie ihr eigenes Überleben in einem weit größeren Maße, als sie es abzusichern in der Lage sind.

Agilität ist die angeborene Strategie, um unser Überleben zu sichern. Ein agiles Management hat die Aufgabe, die Agilität selbst abzusichern und nicht die Resultate der Agilität.

Machen wir uns also auf den Weg zurück zur Agilität!

Was bedeutet eigentlich Verantwortung?

Verantwortung ist das Offensichtlichste, das in vielen Firmen die Agilität gefährdet. Es fängt mit dem ausgeprägten Bedürfnis der meisten Manager an zu wissen, wer die Verantwortung trägt. Organigramme bilden in erster Linie Verantwortungsketten ab. Je höher die hierarchische Position, desto mehr Verantwortung. Interessanterweise vermittelt dies, trotz der Kumulation von Verantwortung, Sicherheit. Sicherheit ist für die Agilität gefährlich, weshalb es sich lohnt, das Thema »Verantwortung« kritisch unter die Lupe zu nehmen.

Wie viel Verantwortung kann ein Mensch tragen? Oder bildhaft ausgedrückt: Wie viel Verantwortung passt in den Rucksack auf dem Rücken eines Managers? Ist er in der Lage, die Verantwortung eines ganzen Geschäftsbereichs, für Hunderte Mitarbeitende zu tragen?

Entscheidend ist, wie Verantwortung interpretiert wird. Je weniger eine Einheit Verantwortung wiegt, desto mehr kann in den Rucksack gepackt werden. Ein Manager ist in der Lage, sehr viel Verantwortung zu tragen, wenn sie leicht zu tragen ist. Wird Verantwortung allerdings mit Macht verwechselt, wird diese schwer wie Blei. Dieser Typ Manager ist daran zu erkennen, dass er sich über Entscheidungen definiert. Er trifft diese selbstständig und setzt sie auch so durch. Entscheidungen nutzt er als Machtdemonstration. Damit übernimmt der Manager implizit die Gesamtverantwortung und diese wiegt natürlich schwer im Rucksack. Je länger der Weg, je steiler der Berg, desto schwerer wiegt dieses Gewicht. Immer weniger Leute helfen ihm, die schwere Last zu tragen. Irgendwann geht es nicht mehr vorwärts, der Manager bricht zusammen oder wird zumindest handlungsunfähig.

Abb. 3: *Das Gewicht der Verantwortung*

Die Firma steht still. Ein falsches Verständnis von Verantwortung ist lebensgefährlich für eine agile Organisation.

Was aber ist die agile Definition von Verantwortung? Versuchen wir, uns dem Thema über die Aufgaben des Managements zu nähern: Dr. Stuart Rosenberg (CEO Harvard Medical Faculty Physicians) definierte diese so: »Die einzige Aufgabe des Managements ist es, eine Umgebung zu schaffen, wo Mitarbeitende, welche sich selbst überlassen und unbeaufsichtigt sind, mit höchster Wahrscheinlichkeit in ein Verhalten verfallen, welches die Ziele der Organisation vorantreibt.«

Diese auf agile Organisationen perfekt passende Definition können wir nun etwas genauer unter die Lupe nehmen. Es liegt somit in der Verantwortung des Managements, dafür zu sorgen, dass die Mitarbeitenden

⇨ die Ziele kennen,

⇨ die Ziele verstehen,

⇨ die Ziele als sinnvoll erachten,

⇨ den aktuellen Stand kennen (Kennzahlen, Trends etc.),

⇨ unbeaufsichtigt arbeiten dürfen und können (Selbstorganisation),

⇨ so viel Verantwortung übernehmen, wie sie tragen können, und

⇨ im Besitz der notwendigen Kompetenzen sind.

Es geht also nicht mehr darum, fachliche Entscheidungen zu treffen, über Mitarbeitende zu bestimmen und ihnen damit die Verantwortung abzunehmen. Es geht im Gegenteil darum, möglichst viel Verantwortung abzugeben. Die Konsequenz ist, dass Manager, die Verantwortung mit Macht verwechseln, für agile Organisationen ungeeignet sind.

Ein agiles Management trägt die Verantwortung dafür, dass die Mitarbeitenden befähigt werden, die Ziele der Organisation voranzutreiben. Gelingt das nicht und erreicht die Organisation die Ziele nicht, ist damit auch klar, wer die Konsequenzen zu tragen hat. Wird Verantwortung so verstanden, ist die Aussage »Die Verantwortung trägt immer der Chef« absolut richtig.

Tipps für den Umgang mit Verantwortung

Im Folgenden finden Sie ein paar Ideen aus der Praxis, die Ihnen helfen können, den richtigen Umgang mit dem Thema »Verantwortung« in Ihrer Organisation zu finden.

⇨ Kompensieren Sie keine Schwächen der Mitarbeitenden, sondern helfen Sie ihnen dabei, die Herausforderungen zu bewältigen.

⇨ Beziehen Sie die Mitarbeitenden immer in Entscheidungsprozesse mit ein, beraten Sie sie bei der Entscheidungsfindung und machen Sie sie damit zu Beteiligten.

⇨ Bauen Sie eine Kultur des Lernens auf, indem Sie den Mitarbeitenden gestatten, Fehler zu machen und daraus zu lernen. Kommunizieren Sie auch Ihre eigenen Fehler und Fehlentscheidungen und auch das, was Sie daraus gelernt haben.

⇨ Setzen Sie Ihre »Macht« aufgrund Ihrer Position gegenüber den Mitarbeitenden nicht ein. Nutzen Sie diese stattdessen, um die Organisation anzutreiben und besser zu machen.

⇨ Entscheiden Sie gemeinsam mit den Mitarbeitenden, wann und wo Sie Ihre »Macht« ausspielen dürfen bzw. sollen. Stellen Sie diese Vereinbarung regelmäßig zur Diskussion.

⇨ Halten Sie sich zurück mit Ratschlägen, denn sie haben dieselbe Wirkung wie Befehle. Seien Sie vorsichtig, selbst wenn Sie um Rat gefragt werden.

⇨ Lassen Sie die Mitarbeitenden die Ergebnisse ihrer Arbeit selbst spüren. Nehmen Sie sie mit zu den Stakeholdern. Lassen Sie sie ihren persönlichen Erfolg oder Misserfolg selbst erleben.

⇨ Sorgen Sie dafür, dass die Mitarbeitenden den Sinn in ihrer Arbeit sehen. Thematisieren Sie Visionen und Strategien. Erarbeiten Sie die Strategie gemeinsam mit der Organisation.

⇨ Versorgen Sie die Mitarbeitenden mit allen verfügbaren Informationen, Kennzahlen und Finanzdaten. Sorgen Sie dafür, dass diese Informationen für die Arbeit der Mitarbeitenden wichtig sind.

⇨ Sorgen Sie dafür, dass für Könige (Know-how-Inseln) in der Organisation kein Platz ist. Diese haben denselben Effekt wie »Machtmenschen« im agilen Management: Sie verhindern das Verteilen der Verantwortung auf viele Schultern.

⇨ Erfinden Sie keine Funktionen nur aufgrund einer vorhandenen Person.

⇨ Stellen Sie durch Ihr Verhalten jederzeit klar, dass es für die Mitarbeitenden nicht darum geht, Ihnen zu gefallen, sondern die Organisation und deren Kunden erfolgreich zu machen.

Verantwortung für Schnellleser

In einer agilen Organisation dürfen und müssen alle Verantwortung tragen. Diese Verantwortung wird permanent neu verteilt und gemeinsam getragen. Verantwortungsvolles Handeln im Sinne der Organisation wird erwartet – von allen. Diese Fähigkeit der Organisation zu erreichen, ist die Hauptverantwortung des agilen Managements. Für den Weg dahin gibt es kein Patentrezept – er ist vom Reifegrad der Organisation, dem Geschäftsfeld und dem Umfeld abhängig und muss permanent angepasst werden.

Der agile Manager ist vor allem eines: ein verantwortungsvolles Vorbild.

Weshalb Mut so wichtig ist

Mut ist ein Grundwert einer agilen Organisation. Mutig zu sein bedeutet, etwas zu wagen, etwas auszuprobieren. Im agilen Verständnis bedeutet Mut, Grenzen zu überwinden, Dinge zu tun, die noch niemand gewagt hat. Mut fördert die Innovationskraft eines Unternehmens und damit das nachhaltige Fortbestehen der Organisation. Wenn im vorigen Kapitel Sicherheit als Feind der Agilität genannt wurde, dann ist Mut das Gegenstück dazu. Es fordert den Menschen heraus und zwingt ihn, seine agile Seite zu zeigen.

Bei genauer Betrachtung wird deutlich, dass die meisten Dinge, auf die es im agilen Umfeld ankommt, Mut erfordern:
⇨ konsequent sein
⇨ Kreativität leben
⇨ eine Meinung vertreten
⇨ Verantwortung übernehmen
⇨ Unbekanntes angehen
⇨ Feedback geben
⇨ Versprechen abgeben
⇨ Zusagen machen
⇨ Fehler eingestehen

Mut wird damit zum eigentlichen Grundstein einer agilen Organisation. Zaudern, abwarten, zögern sind Dinge, die wir nicht brauchen können. Vorwärts gehen, ausprobieren, einfach mal machen hingegen schon.

Viele Manager erkennen zwar Mut als eine wichtige Eigenschaft an, zaudern aber in dem, was sie selbst tun. Mit klug gewählten Worten und Absichtserklärungen kaschieren sie ihren fehlenden Mut und vermitteln vorerst den Eindruck von Entschlossenheit. Bei genauem Hinhören ist fehlender Mut allerdings leicht zu erkennen. Die zentralen Themen werden von mutlosen Managern in Sätze verpackt, in denen ein Wort vorkommt, das von mutigen Menschen kaum je benutzt wird. Es ist das unscheinbare Wort »aber«:

➪ »Wir geben die Verantwortung an die Basis, aber …«
➪ »Wir vertrauen unseren Mitarbeitenden, aber …«
➪ »Neue Ideen sind bei uns immer gefragt, aber …«

Abb. 4: *Aber …*

»Aber« bedeutet, ein Sicherheitsnetz einzubauen, etwas abzusichern. Das ist vor allem aus einem Grund sehr kritisch: Das Wort »aber« befriedigt das angeborene Sicherheitsbedürfnis des Menschen und vermittelt Sicherheit. Ein typisches Beispiel: »Agiles Management finde ich toll, *aber* im Grunde genommen ist es dasselbe, was gute Vorgesetzte schon immer machten, nur nennt man es anders.« Diese Aussage bedeutet für den Empfänger nur eines: »Weitermachen wie bisher.«

Tipps für den Umgang mit Mut

➪ Achten Sie darauf, wie Sie selbst denken, argumentieren und handeln. Wenn Sie das Wort »aber« oft verwenden, dann kennen Sie jetzt einen Ansatzpunkt für Ihre persönliche Weiterentwicklung.
➪ Der eigene Mut beflügelt und macht Freude. Arbeiten Sie aktiv an Ihrem eigenen Mut, es ist ein wichtiges Puzzlestück, um eine agile Organisation zum Leben zu erwecken.
➪ Achten Sie anschließend darauf, wie mutig Ihre Mitarbeitenden sind, ob sie auf Sicherheit bedacht sind oder eine Vorwärtsstrategie leben. In einer agilen Organisation brauchen Sie Mitarbeitende, die möglichst wenig mit dem Wort »aber« argumentieren.

⇨ Risikoabwägungen sind Teil eines verantwortungsvollen Handelns. Somit gibt es Situationen, in denen das Wort »aber« seine Berechtigung hat. Wenn Mitarbeitende den Mut aufbringen, die Verantwortung wirklich tragen, werden Sie es trotzdem kaum jemals hören.

⇨ Hören Sie aufmerksam zu. Das einfachste Mittel ist die Anzahl der »aber« zu zählen. Daraus ergeben sich Handlungsfelder, die in Bezug auf Mut angegangen werden sollten.

Was ist nun also mit dem eingangs genannten Statement?

⇨ *Mutig* zu sein ist wichtig, *aber* die Risiken müssen gemanagt werden.

In diesem Satz bewirkt das Wort »aber« eine versteckte Priorisierung: Zuerst Risiko absichern, dann mutig sein. Absichern ist die Hauptaussage dieses Satzes. Eine agile Organisation funktioniert umgekehrt, womit die Aussage in diesem Kontext problematisch ist. Im agilen Management würde der Satz in etwa so lauten: »Mutig zu handeln ist uns mehr Wert, als Risiken zu managen.« Den beiden wichtigen Themen »Mut« und »Risikomanagement« eine Wertigkeit zu geben, schafft Klarheit. Dies allein erfordert Mut, man bezieht Stellung, bleibt eindeutig in der Aussage. Daraus ergeben sich Perspektiven und Möglichkeiten, die die agilen Mitarbeitenden brauchen, um Ideen zu kreieren, Risiken einzugehen und damit Erfolge zu feiern.

Das Risikomanagement ist ein anderes Thema, das in der agilen Vorgehensweise behandelt werden kann. Zum Beispiel erlaubt der Einsatz von kurzen Iterationen, das Risiko im Griff zu haben, ohne ein »aber« einbauen zu müssen.

Mut für Schnellleser

Eines der wichtigsten und gleichzeitig schwierigsten Dinge im agilen Management ist, die ganze Organisation zu befähigen, mutig zu handeln. Für etwas zu stehen, Stellung zu beziehen, etwas zu wagen. Schon das Leben der agilen Werte erfordert Mut. Damit geht es nicht nur darum, im agilen Management mutig zu agieren. Die gesamte Organisation benötigt den Freiraum, um sich darin üben zu können. Die Mitarbeitenden werden sich ab und zu überschätzen (»Übermut«) oder sich nicht trauen (»aber«). Alles muss zuerst erlebt und verstanden werden. Das können Sie der Organisation nicht abnehmen. Ein agiles Management zeichnet sich dabei durch seine Geduld aus, was ebenfalls von Mut zeugt. In der Phase eines Wandels haben die Mitarbeitenden mehrheitlich Angst, Risiken einzugehen. Warten Sie ab, bestätigen Sie kleine Bemühungen, feiern Sie auch hier die Erfolge – und seien sie noch so klein.

Der agile Manager ist vor allem eines: ein verantwortungsvolles und mutiges Vorbild.

Kommunizieren oder reden?

Verantwortung zu verteilen und die Organisation zu befähigen, mutig zu handeln, sind Erfolgsfaktoren für das agile Management. Von allein wird das leider nicht geschehen. Ein wichtiges Instrument, um den Stein ins Rollen zu bringen, ist die Kommunikation. Im agilen Umfeld heißt dies, mit der Organisation zu kommunizieren, und zwar mit der gesamten Organisation. Dazu gehören in erster Linie die Mitarbeitenden Ihrer Einheit, aber auch Mitarbeitende anderer Bereiche, deren Vorgesetzte und schlussendlich auch der Vorstand sowie jegliche anderen Stakeholder. Durch Kommunikation kann eine Lawine ausgelöst, eine ganze Masse in Bewegung gesetzt werden. Die unglaubliche Energie, die damit entfacht werden kann, kann niemand aufhalten.

Zahlen, Ergebnisse und Anweisungen zu kommunizieren, gehört zu den Dingen, die jeder Manager im Griff hat. Damit aber löst man noch keine Lawine aus. Im agilen Wandel geht es um andere Dinge. Es geht darum, die Organisation weiterzuentwickeln, zu befähigen und anzutreiben.

Tipps für eine wegweisende Kommunikation

Im Folgenden finden sich einige in der Praxis bewährte Tipps. Ob diese in Ihrem Unternehmen funktionieren, dürfen Sie selbst herausfinden.

Häufig und direkt

Es kann Sie niemand daran hindern, direkt mit den Mitarbeitenden zu kommunizieren. Etablieren Sie häufige kurze Informationsveranstaltungen, zum Beispiel alle zwei Wochen eine halbe Stunde. Übermitteln Sie den aktuellen Stand von wichtigen Vorhaben, worüber Sie gerade nachdenken, was als Nächstes ansteht und was die größte Herausforderung ist. Konzentrieren Sie sich auf die Themen, über die die Organisation Bescheid wissen muss, um Verantwortung zu übernehmen.

Reduzieren

Nicht alles ist wichtig und interessant. Die Frage lautet: Auch wenn alle Stricke reißen, welche Aussage aus der Kommunikation sollen alle

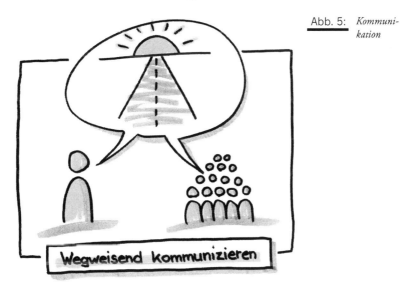

Abb. 5: *Kommuni-
kation*

aufnehmen? Ordnen Sie diesem Thema alles unter. Benutzen Sie so
kurze Sätze wie möglich. Fokussieren Sie sich und lassen Sie alles weg,
was nicht notwendig ist. Die agilen Grundsätze gelten auch in der
Kommunikation.

Geschichten und Bilder

Menschen lieben Geschichten. Geschichten werden zu Bildern und
Bilder können wir uns leicht merken. Nutzen Sie das! Entwickeln Sie
Geschichten mit einem Anfang, einem Höhepunkt und einem Ende.
Diese Methodik wird Ihnen helfen, sich auf das Wesentliche zu be-
schränken. Sie können mit 30 Folien und 15 Schlüsselelementen keine
spannende Geschichte in wenigen Minuten erzählen.

Interaktion

Befindet sich eine Firma im Wandel zur Agilität, zeigen die Mitarbeitenden üblicherweise ein Konsumverhalten. Die Manager informieren,
die Mitarbeitenden konsumieren. Um dies zu ändern, sollten Sie die
Mitarbeitenden miteinbeziehen. Lassen Sie sie einzelne Themen selbst
erarbeiten und kommunizieren. Bauen Sie interaktive Elemente ein,
wie zum Beispiel eine Live-Abstimmung. Die Mitarbeitenden sollen
eine Rolle in der Geschichte übernehmen, die Sie erzählen.

Wiederholungen

Bis zu acht (!) Kommunikationen sind notwendig, um wichtige Dinge
in Gang zu setzen. Wiederholen Sie deshalb die Kernelemente und
bauen Sie diese immer wieder in Ihre Geschichten ein. Hier hat auch
die schriftliche Kommunikation ihre Berechtigung. Sie ist eine gute
Wahl, um Informationen zur Verfügung zu stellen und damit Transparenz zu schaffen.

Authentizität

Ob Sie echt oder unecht kommunizieren, wird in jedem Fall transportiert, ganz unabhängig davon, was der Inhalt ist. Um Glaubwür-
digkeit zu erreichen, müssen Sie sich zuerst selbst überzeugen. Das

Rezept dazu heißt Vorbereitung. Sie müssen selbst über das Thema nachgedacht haben und eine eigene Meinung dazu haben. 90 % des Zeitaufwands stecken in der Vorbereitung. Skizzen, Bilder und Notizen helfen, die Geschichte zu entwickeln, die Sie selbst glauben. Um am Ende zehn Minuten authentisch zu wirken, können also durchaus 90 Minuten oder mehr für die Vorbereitung nötig sein.

Präsentationen

Mit Ihren Präsentationen können Sie vieles falsch machen – und nur wenig richtig. Reduzieren Sie Ihre Präsentation auf das Wesentliche. Ein Wort, eine Zahl oder ein Bild pro Folie genügt. Bilder sind in jedem Fall Zahlen oder Text vorzuziehen. Bilder bleiben nachhaltig in Erinnerung. Investieren Sie deshalb für die Wahl der Bilder genügend Zeit, denn auch falsche Bilder bleiben haften! Noch besser sind eigene einfache Zeichnungen. Diese machen deutlich, dass Sie sich Zeit genommen haben und die Sache ernst nehmen.

Die eingangs erwähnte Aussage lautete: »Stufengerechte Kommunikation ist das A und O.« Wenn darunter verstanden wird, dass die Kommunikation abgestimmt auf die Empfänger sein soll, dann ist dies das Allerwichtigste und vollständig korrekt. Wenn es aber so ausgelegt wird, dass Informationen gefiltert werden sollen, dann werden Sie keine Ziele in der agilen Organisation erreichen. Agile Organisationen leben von Transparenz. Fehlt diese, wird die Organisation ihre eigenen Schlüsse ziehen und Sie geben ein mächtiges Instrument aus der Hand.

Kommunikation für Schnellleser

Kommunikation ist ein meist unterschätztes, mächtiges Mittel und eine Hauptaufgabe im agilen Management. Mitarbeitende in der agilen Organisation sind auf Transparenz angewiesen. Sie müssen alle relevanten Informationen zur Verfügung haben und daraus selbstständig das Richtige ableiten können. Nur so können alle ihren Teil zum Erfolg beitragen. Mit guter Kommunikation werden Impulse gesetzt und die Organisation wird angetrieben. Von der klassischen, gefilterten und regulierten Kommunikationskultur muss sich ein agiles Management von Beginn an konsequent verabschieden. Agile Manager erzählen spannende, aufs Wesentliche reduzierte Geschichten. Es wird nicht geredet, sondern es werden verbindliche Aussagen gemacht.

Der agile Manager ist vor allem eines: ein verantwortungsvolles, mutiges und kommunikatives Vorbild.

Zusammenfassung

Der vernünftige Umgang mit Verantwortung, mutiges Handeln und eine wegweisende Kommunikation sind Erfolgsfaktoren eines agilen Managements. Obwohl eine agile Organisation von flachen Hierarchien und Selbstorganisation lebt, ist es, speziell für Firmen mit klassischer Vergangenheit, unmöglich, dies in einem Schritt zu erreichen. Trotzdem stehen für jeden einzelnen Manager vom ersten Tag an ganz andere Themen zuoberst auf der Liste.

Die Verantwortung muss auf möglichst viele Schultern verteilt werden. Dies muss in einer Art und Weise geschehen, die die Mitarbeitenden nachvollziehen können. Für den agilen Manager sind damit Sinngebung, Einbeziehung der Mitarbeitenden, eine Kultur des Lernens und Transparenz Themen, in denen er Profi sein muss.

Mut ist der am meisten unterschätzte Wert in Organisationen. Mutige Mitarbeitende öffnen Türen und sind hauptverantwortlich für den Erfolg einer Firma. Der agile Manager agiert als Vorbild, er ist mutig. Mut beflügelt die ganze Organisation.

Kommunikation ist der Anstoß, der Steine ins Rollen bringt bzw. am Rollen hält. Der agile Manager ist sich dessen bewusst. Klare Aussagen und Verbindlichkeit sind die wichtigsten Elemente. Durch Kommunikation demonstriert er Mut, übernimmt Verantwortung und treibt damit die Mitarbeitenden zur Agilität an.

Temenos: Muster erkennen und verändern

Wie schaffen wir im Arbeitsalltag Räume, in denen Menschen die Muster erkennen können, die ihre Haltung, ihre Erwartung und ihr Verhalten geprägt haben? Dieser Beitrag stellt Ihnen ein bewährtes Verfahren – das Temenos – vor.

In diesem Beitrag erfahren Sie:
- warum eine wertschätzende Unternehmenskultur erfolgsentscheidend ist,
- wie Temenos als Methode agile Prozesse um Lernräume für Veränderung ergänzt,
- wie Geschichten im Temenos Menschen helfen, Muster und Möglichkeiten zu erkennen.

CHRISTINE NEIDHARDT, OLAF LEWITZ

Einleitung

Als ich, Olaf Lewitz, Manager wurde, schlugen zwei Herzen in meiner Brust. Auf der einen Seite war ich froh über die neue Herausforderung und stolz, dass ich den Job bekommen hatte. Auf der anderen Seite war ich ängstlich und zweifelte daran, der Aufgabe gewachsen zu sein. Der Jobtitel war »Entwicklungsleiter« und eine solche hatten mir die Kollegen als Willkommensgruß neben den Schreibtisch gestellt. An sich ein netter Scherz, der jedoch meinen Stolz gekappt und meine Zweifel gestärkt hat, weil meine neuen Kollegen die Rolle anscheinend nicht ernst nahmen.

Später stieg ich auf der Karriereleiter noch eine Sprosse auf und wurde Geschäftsführer. Die Stelle war gut bezahlt – deswegen habe ich natürlich nicht Nein gesagt. Es war ein politisches Spiel, dessen Regeln ich nicht kannte. Nur eines glaubte ich sicher zu wissen: Niemandem

darf auffallen, dass ich das nicht kann. Eine Stimme in meinem Kopf
sagte: »Zeig keine Schwäche. Du kannst niemanden um Rat fragen, du
bist ja jetzt der Boss.« Es hat Jahre gedauert, bis ich wieder jemanden
offen um Hilfe gebeten habe.

Chistine Neidhardt: Als Tochter von selbstständigen internationalen
Kunsthändlern lernte ich viele Menschen kennen. Mein Elternhaus
schärfte meine Sinne dafür, wer welche Bedürfnisse hat und wie man
diese ideal miteinander kombiniert, um ein erfolgreiches Erlebnis für
den Kunden zu kreieren. Ich perfektionierte meine Sensibilität dafür
und nahm die Gefühle anderer sogar besser wahr als meine eigenen.
Für meine Eltern war es – wie in dieser Zeit in Firmen üblich – unvor-
stellbar und unprofessionell, im Beruf oder gar mit seinen Mitarbeitern
über Gefühle zu sprechen. Gefühle waren Privatsache. Mein Glaubens-
satz war: »Du musst stark sein und dafür sorgen, dass es für alle anderen funktioniert.«
    Als Eventmanagerin war ich mit diesen Eigenschaften perfekt und
erfolgreich, nebenbei hatte ich ein Burn-out. Natürlich arbeitete ich
weiter. Als Trainerin und Coach gestaltete ich genau auf die Teilnehmer
abgestimmte Seminare. Hätte ich meine Gefühle häufiger gespürt,
wäre ich schon früher klarer in Konflikte gegangen und hätte besser für
mich gesorgt. Ich lernte Zeiten kennen, in denen mein Körper streikte,
in denen nichts mehr funktionierte. Was war das für ein Weg der kleinen Schritte bis zum jetzigen Zeitpunkt, zu dem ich sagen kann: Ich
stehe zu meinen Gefühlen und handle danach.

Natürlich haben wir diese Muster damals nicht erkannt. Um die Klarheit zu gewinnen, mit der wir diese Geschichten hier erzählen, und
neue, hilfreichere Optionen für unser Verhalten wählen zu können,
waren viel Austausch und Reflexion nötig – Gespräche, in denen wir
gemerkt haben, dass wir nicht allein sind. Unser aller Verhalten ist von
Gewohnheiten, Erwartungen und Vermutungen geprägt, die sich in
einem bestimmten Kontext entwickelt haben. Zu einer Zeit sind sie
hilfreich und wichtig, später begrenzen sie unsere Möglichkeiten.

Unser Alltag bietet für reflektierende Gespräche dieser Art selten Gelegenheit. 2012 haben wir mit »Temenos« eine Methode gefunden, die genau dazu einlädt: in einen sicheren, vertrauensvollen Raum für Gespräche und Reflexion, in eine Runde, in der jeder authentisch auftreten kann und gehört wird.

Temenos ist eine Möglichkeit, einschränkende Muster zu erkennen und aus ihnen auszubrechen. Das Wort stammt aus dem Griechischen und bedeutet »sicherer/gesegneter Raum«.

Temenos erlaubt uns,
⇨ besser zu verstehen, wo jeder von uns herkommt,
⇨ weniger Zeit mit Vermutungen und Konflikten zu verschwenden,
⇨ mehr Zeit in Anerkennung zu investieren,
⇨ der Frage mehr Raum zu geben, was sich jeder von uns wünscht,
⇨ die Intelligenz und Erfahrung jeder Person im Raum besser zu nutzen,
⇨ ein Netz der Aufmerksamkeit zu spannen, sodass echte Gruppenintelligenz entsteht,
⇨ die Entscheidungen zu treffen, die jetzt in diesem Moment angemessen sind,
⇨ insgesamt inspirierter und befähigter zu sein,
Muster und Möglichkeiten zu identifizieren, die wir vorher nicht sehen konnten.

Ein Weg aus der Frustration

Wir arbeiteten seit einigen Wochen mit einer Gruppe von Scrum Mastern. Durch verschiedene Entwicklungen in der Firma waren sie in den vergangen Monaten viel Kritik ausgesetzt gewesen – größtenteils ohne für die Ursachen verantwortlich zu sein. Sie hatten kaum noch Motivation, als Team zu arbeiten. Ich hatte Temenos kurz vorher zum ersten Mal kennengelernt. Ich schlug vor, es zu versuchen – habe nichts versprochen, von meiner Erfahrung erzählt und erklärt, warum ich es für sie für hilfreich halte. Sie wollten es machen. Der Erfolg war nachhaltig – für alle positiv überraschend. Dass die Scrum Master nach dem Temenos offen über Angst und Vertrauen sprachen, hat andere inspiriert, einen Dialog über diese Themen zu beginnen. Die Zusammenarbeit wurde intensiver, das Bewusstsein für Effektivität nahm zu.

Diese Vorteile können wir mit Temenos für uns selbst und unsere Unternehmen nutzbar machen und uns neue Handlungsoptionen für eine sich ständig verändernde Zeit erschließen.

Erfolgreiche Unternehmen haben den Menschen im Fokus

Glaubt man den HR-Prognosen 2014 von Bersin by Deloitte, entscheidet die Mitarbeiterzufriedenheit und damit auch eine lebendige und attraktive Unternehmenskultur maßgeblich über den Erfolg eines Unternehmens in der Zukunft. Mitarbeiter sind heute selbstsicherer und suchen sich Unternehmen aus. Um herausragende Mitarbeiter anzuziehen und zu halten, braucht es ein spannendes Arbeitsumfeld, in dem Mitarbeiter mitbestimmen und -gestalten dürfen. Das bedingt neue Unternehmenskulturen und -strukturen. Genau hier hat die agile Bewegung aus den Erkenntnissen der Komplexitätstheorie bereits frühzeitig gelernt und sieht Organisationen wie Organismen oder komplexe adaptive Systeme. »Menschen können Organisationen wie hierarchische Unternehmen planen, das ändert aber nichts daran, dass sie soziale Netzwerke sind.« [1]

Eigenverantwortliches Arbeiten, Selbstorganisation und Lernen in Iterationen lösen hierbei hierarchische Anweisungs- und Kontrollstrukturen ab. Damit einher geht ein starkes Vertrauen in die Mitarbeiter, ihre Verantwortlichkeit und ihre Fähigkeiten. Gerade Softwareunternehmen profitieren davon, flexibler, innovativer und schneller im Markt agieren zu können. Befördert durch steigende Vernetzung und intensivere Kommunikation werden Unternehmen immer transparenter. Soziale Netzwerke werden bei der Entscheidungsfindung und Kontaktanbahnung immer wichtiger. Eine Plattform wie z. B. Kununu, die Mitarbeiterbewertungen der Unternehmen veröffentlicht, dient als Navigator für Wechselwillige oder Stellensuchende. Unternehmen können kaum mehr etwas verbergen. Mitarbeiter werden zu Botschaftern des Unternehmens und seiner Kultur. Es ist nur eine Frage der Zeit, bis sich mehr Unternehmen an den Bedürfnissen der Menschen orientieren, diese in den Mittelpunkt stellen und ihnen immer mehr vertrauen. Erfolgreich ist in dieser neuen Welt, wer diese Kommunikation aktiv gestaltet, anstatt lediglich auf diese Transparenz zu reagieren.

Agile Unternehmen behandeln ihre Mitarbeiter wie Erwachsene

»Die größte Ehre, die man einem Menschen antun kann, ist die, dass man zu ihm Vertrauen hat.«

Matthias Claudius

Wo in Unternehmen Software entwickelt wird, gehören agile Prozesse heute schon zum guten Ton. Scrum, Kanban oder andere Vertreter dieser Methodenfamilie sind Stand der Technik. Die Kernbotschaft des Agilen Manifests [2] haben wir dabei oft vernachlässigt: die Menschen wieder ins Zentrum des Handelns zu stellen. Es geht um Systeme, in denen Menschen Wert schaffen, sie dadurch effektiver machen und darum, dass wir uns intensiver, mit unserem ganzen Potenzial einbringen – und nicht etwa darum, uns gegenseitig besser auszunutzen.

Eine Abteilung startet neu

Nach der zweiten gründlichen Reorganisation wurde ein großer Teil der Firma an die Konkurrenz verkauft, der verbleibende Kern an einen Investmentfond. Ein neuer Geschäftsführer wurde eingesetzt, Ziel und Strategie waren unklar. Viele Mitarbeiter hatten gekündigt. Wir luden eine Abteilung – etwa 20 Menschen – für einen Tag in einen Temenos ein. Es gab ein Tal der Tränen und am Ende eine neue Vision. Ein Teilnehmer: »Ich habe mitgenommen, wie man Negatives in einen positiven Ausblick wendet.«

Agiles Arbeiten und Arbeiten in selbstorganisierten Teams kann in dreierlei Hinsicht herausfordernd für den Einzelnen sein. Erstens eröffnet es jedem eine Reihe neuer Optionen für die eigene Weiterentwicklung. Wir dürfen unsere eigenen Talente entdecken und einbringen. Dem einen gefällt das, den anderen kann es aber auch verunsichern und überlasten. Zweitens gilt es häufiger Feedback zur eigenen Person und zur eigenen Arbeitsweise zu verarbeiten. Wir erleben engere Zusammenarbeit mit anderen. Das ist schön, weil wir mehr Klarheit und

Wertschätzung bekommen. Daraus können sich aber auch innere und äußere Konflikte ergeben, wenn wir an unseren oder den Ansprüchen anderer scheitern. Drittens gibt es mehr Veränderung als Konstanz und wir brauchen mehr persönlichen Halt und Selbstsicherheit, um nicht nur mit dem Fluss zu schwimmen, sondern auch selbst am Steuer zu bleiben. Bekannte Strukturen mit Sicherheit gebenden Regeln verlieren an Bedeutung. Es gilt, sich an viele neue Anforderungen und Vorgehensweisen zu gewöhnen und zu lernen, sich darin erfolgreich zu bewegen. Dieses Ausmaß an Herausforderung ist neu.

Eine Wir-Kultur ist sowohl Voraussetzung als auch Ergebnis von echter Agilität. Agilität bedeutet, den Status quo ständig zu hinterfragen, um Möglichkeiten zur Verbesserung zu identifizieren. Prozesse, Verträge und Regelwerke verlieren an Bedeutung, wo Menschen sich vertrauen und sich nicht mehr hinter diesen verstecken müssen. Stattdessen treten wir in echten Dialog und erlauben Menschen, sich aufeinander einzulassen. Das fördert Vertrauen – in Teams, in Unternehmen, zwischen Kunden und Lieferanten – und fixierte Regeln werden wieder etwas weniger wichtig. So wird kontinuierliches Lernen Realität und unser gesamtes System zunehmend effektiver. Wir werden immer besser darin, das Richtige für den Kunden richtig zu bauen und rasch zu liefern. Feedbackzyklen werden kürzer, der Dialog wird intensiver. Ein positiver Kreislauf, in dem wir menschlicher, effektiver, schneller werden und unsere Kosten reduzieren, wie es schon Steven M. R. Covey [3] in seinem Bestseller »Schnelligkeit durch Vertrauen« schreibt.

Klingt toll soweit. Und so leicht. In der Praxis ist es anstrengend, ja herausfordernd. Damit wir etwas Neues in unsere Wirklichkeit integrieren, ist es erforderlich, etwas Altes gehen zu lassen. Was ist dieses Alte?

Unternehmen sind Sicherheit gewährende Strukturen – wie Familien. Wir wollen dazugehören, um uns sicher zu fühlen. Früher war die Sicherheit auf Regeln aufgebaut, die für alle selbstverständlich waren. Die für uns übliche Struktur war die Hierarchie. Wer oben war, konnte die Fragen beantworten und gute Anweisungen geben: wesentliche Basis für Macht und Gehalt.

Heute gibt es mehr Unsicherheit, offene Netze sind in einer komplexen, nichtlinearen Realität resilienter, flexibler und langfristig erfolgreicher als Hierarchien. Eine gute Vernetzung mit Menschen, die ganz anders sind als wir, ist wichtiger für unseren Erfolg als Erfahrung und Wissen. Solche Menschen sind nicht unbedingt im eigenen Unternehmen – das fordert traditionelle Strukturen heraus.

Manager hatten bisher die vornehme Aufgabe, diese Strukturen zu sichern und zu schützen. Menschen, die gut im Bewahren des Bewährten sind, wurden dafür ausgesucht und belohnt. Wollen wir diese Strukturen nun öffnen und flexibler machen, benötigen diese Menschen, vor allem im mittleren Management, unser Mitgefühl. Wir machen ihnen Angst.

Das liegt nicht nur an ihren persönlichen Stärken und Gewohnheiten: Wir wissen schlicht noch nicht, wie man in dieser neuen Welt Flexibilität ermöglicht und Stabilität gewährleistet. Es gibt kaum Erfahrungen. Es gibt kein Rezept.

Stellen Sie sich vor, Sie sind verantwortlich für eine Gruppe ausgelassen spielender Kinder. Diese toben auf einer Wiese herum und einige Meter weiter geht es steil bergab. Sie weisen auf das Risiko hin – die Kinder nehmen es zur Kenntnis und spielen weiter. Wie stellen Sie Sicherheit her?

Der klassische Manager führt Regeln ein, droht mit Strafen, bricht vielleicht das Spiel ab. Er löst das Problem, beseitigt das Risiko mit seiner Erfahrung, seinem Wissen, seiner Macht. Aber die Kinder lernen nicht.

Übertragen wir den Kindern die Verantwortung und fragen sie nach Lösungen: »Was sollen wir gegen die Gefahr tun?« – »Wir könnten einen Zaun bauen.« – »O. k., macht das!« – »Wir wissen nicht, wie man einen Zaun baut.« – »O. k., ich finde jemanden, der euch das beibringt.«

Die Kinder bauen den Zaun. Sie haben sich das Risiko bewusst gemacht und ihre Lösung gefunden und umgesetzt. Mit ähnlichen Risiken werden sie zukünftig umgehen können, und sie wissen, dass sie Hilfe bekommen. Hilfe, die ihnen nicht die Verantwortung abnimmt.

119

Mitarbeiter sind keine Kinder, doch wir haben sie in vielen Unternehmen so behandelt. Daher warten viele Menschen auf Anweisungen, und Manager sind gewohnt, diese zu geben. Solche Gewohnheiten sind tief verankert und mit Glaubenssätzen verbunden, die wir nur selten infrage stellen. Dieses »Alte« gilt es loszulassen. Das ist anspruchsvoll, denn weniger Sicherheit im Außen erfordert mehr Sicherheit im Innen: Wir brauchen mehr Selbstvertrauen.

Mehr Vertrauen in die eigenen Fähigkeiten

Alle 30 Mitarbeiter einer agilen Beratungsfirma nahmen sich zwei Tage Zeit für ein Temenos. Viele Experimente hatten vieles verändert und Rahmenbedingungen für die Verantwortung jedes Mitarbeiters geschaffen. Temenos hat bewirkt, dass die Kollegen sich diese Verantwortung jetzt besser zutrauen und das Vertrauen in die Kollegen gestiegen ist.
»Ich sehe Dinge einfach nicht mehr so sehr als Problem, weil ich ein besseres Verständnis davon habe, warum andere anders auf Dinge schauen.«

Wie schaffen wir den Raum und die Strukturen für neue, alternative Erfahrungen mit einem anderen, in der heutigen Zeit hilfreicheren Verhalten? Ein populärer Ansatz ist die Verwendung einer neuen Methode, die Arbeit zu organisieren. Scrum oder Kanban weichen von üblichen Regeln ab, verwenden alternative Möglichkeiten zur Kontrolle und erlauben neue Erfahrungen der Zusammenarbeit. Organisatorische Missstände werden sichtbar. Wir haben die Möglichkeit, diese zu lösen. Das erfordert Einsicht und Mut. Einsicht ist in unseren von analytischem, rationalem Denken beherrschten Organisationen meist reichlich vorhanden – oft hat jeder von uns seine ganz eigene. Doch Mut? Die meisten klassischen Organisationen sind nicht besonders mutig. Fördern wir den Mut unserer Mitarbeiter ausreichend, damit wir uns entgegen unseren Gewohnheiten trauen, gemeinsam Verantwortung zu übernehmen? Wir brauchen Mut, um uns selbst und den anderen zu vertrauen. Mut, um mit weniger Regeln zu agieren. Trauen wir uns zu, verbindliche Strukturen zu schaffen, die nicht auf Zwang und Kontrolle basieren, die wirklich die Menschen und ihre Bedürfnisse vor die Prozesse und Regeln stellen?

Viele Unternehmen benötigen heute noch komplizierte Strukturen, Regeln, Rollen und ausgefeilte Prozesse, weil wir Menschen große Angst vor Unsicherheit und Widersprüchlichkeiten haben. Wir haben gelernt, dass Offenheit und Ehrlichkeit sowie eigene Gefühle und Mitgefühl zu zeigen gefährlich ist. Wenn wir Lernräume in Unternehmen schaffen, wo Menschen sich mit Empathie und Mitgefühl neu begegnen dürfen und gemeinsam lernen, Altes loszulassen und Neues mutig auszuprobieren, dann werden viele der bisher Sicherheit gewährenden Strukturen obsolet. Diese Wir-Räume schaffen eine neue Struktur, die auf eine neue Art und Weise Sicherheit gibt.

Temenos ist ein solcher Rahmen und Raum, in dem wir unsere individuelle und gemeinsame Identität reflektieren und neu erfinden dürfen. So können wir neue Erwartungen und Gewohnheiten, eine neue professionelle Haltung entwickeln, die uns in dieser neuen Zeit erfolgreicher macht als jene, die sich im letzten Jahrhundert bewährt hat. Wir erfinden und gestalten gemeinsam eine neue Kultur für die neuen Herausforderungen einer neuen Zeit.

Was ist Temenos?

»Temenos ist (für mich) eine Bewusstmachung der eigenen Lebenssituation und der zugrunde liegenden Muster durch Retrospektive in Form einer erzählten und gemalten Geschichte, die ich mit anderen in einem geschützten Raum teile. Durch die eigene Bewusstmachung und das Hören der Geschichten anderer habe ich die Chance zur Veränderung«, sagt Christiane Philipps, Agile Consultant.

Temenos ist ein wertschätzender Raum zur Selbst- und Gruppenreflexion. Ein Übungsraum mit einem Gastgeber, in dem wir erleben, wie Offenheit, Vertrauen und Kommunikation Beziehungen fördern, in einem Maß, das uns im Alltag selten begegnet. Hier können wir effektivere Wege testen, mit uns selbst und mit anderen Menschen achtsam in Beziehung zu treten, um positive Beziehungen zu fördern. Wir entdecken, was uns individuell und als Team davon abhält, ganz wir selbst, authentisch, kreativ und kraftvoll zu sein. Für Teams ist

121

Temenos eine einfache und wirksame Methode, eine gemeinsame Identität zu entdecken. Gleichzeitig ist es eine Anleitung, wie man sich Offenheit und respektvollen Umgang im Team bewahren kann. Durch das Temenos wird der Mut gefördert, die eigenen Talente und Energien einzubringen und neue Wege zu gehen.

Reflektieren – Visualisieren – Erzählen

Temenos lädt uns ein, von uns zu erzählen, uns gegenseitig zuzuhören, zu verstehen.
Es gibt drei einfache Schritte in jeder der drei Phasen:
⇨ 1. Jeder reflektiert zu einer allen gestellten Frage (bezogen auf Vergangenheit, Gegenwart oder Zukunft).
⇨ 2. Jeder zeichnet mit Stiften ein paar Ideen auf, um die Reflexion und nachher die Erzählung zu unterstützen.
⇨ 3. Jeder erzählt seine Geschichte. Je nach Format kann das in einem oder mehreren Einzel- oder Gruppengesprächen erfolgen. Der Fokus liegt auf emotionalem Verständnis, Resonanz und Teilen. Vergleichen, Analysieren und Lösen haben einen anderen Ort.

Temenos ist ein Raum für Geschichten und Gespräche. Er wurde von Siraj Sirajuddin, Lean und Executive Coach, im Laufe von 25 Jahren in zahlreichen Gruppen- und Teamseminaren entwickelt und erprobt. Dabei hat er verschiedene Einflüsse verarbeitet und vereinfacht. Das Besondere an Temenos ist nicht irgendeine spezielle Methode oder Technik. Das Besondere ist die Einfachheit der Struktur und die Einladung in einen Raum ohne Bewertung und Vergleich, ohne Richtig und Falsch, Besser oder Stärker. Wir dürfen uns so zeigen, wie wir sind. Viele Menschen erleben es als qualitativen Unterschied, wenn ihnen volle Aufmerksamkeit geschenkt und wirklich empathisch zugehört wird. Als Kinder haben wir gelernt zuzuhören, um zu antworten. Im Temenos hören wir zu, um zu verstehen.

Das Wort »Temenos« ist altgriechisch und bedeutet »sicherer/gesegneter Raum«. C. G. Jung [4] hat mit Temenos den inneren, authentischen Kern in uns bezeichnet, in dem sich unser Selbst entwickelt, und den sicheren Raum des Gesprächs, in dem sich Menschen authentisch begegnen, sodass Altes losgelassen werden kann und ein offener Raum für Neues entsteht.

Influence Maps

Wie bin ich geworden, der ich bin? Was hat mich geprägt? Wer oder was hat meine Haltung beeinflusst, wer meine Erwartungen inspiriert?
Die Geschichten, die wir im ersten Teil des Temenos hören und erzählen, schaffen Vertrauen und Verständnis. Sie zeigen Gemeinsamkeiten und erklären Unterschiede.
»Ich fühle mich meinen Kollegen mehr verbunden und mir fällt es jetzt leichter, andere Meinungen wertzuschätzen«, sagte ein Teilnehmer nach dem Firmen-Temenos der it-agile GmbH in Hamburg.

Das Geschichtenerzählen (Storytelling) gehört seit Jahrtausenden zum Menschsein. Stephen Denning schreibt in »The Leader's Guide to Storytelling« [5], dass Storytelling im Management die Herzen der Menschen erreicht, motiviert, mehr als es Zahlen können. Es kann eine ganze Firma transformieren. Im Temenos nutzen wir die Kraft der Erzählung, die uns authentisch werden lässt. Wir erzählen uns unsere Geschichte, wo wir herkommen, was uns geprägt hat und uns zu der Person gemacht hat, die wir heute sind. Dadurch können wir uns selbst und die Kollegen besser verstehen: wie Informationen in der »Lebenslandkarte« des Gegenübers verarbeitet werden, was den anderen herausfordert und warum. Empathie und Verständnis füreinander werden geübt. In den Geschichten entdeckt man Gemeinsamkeiten und möchte mehr erfahren. Neue Verbindungen entstehen, bestehende Verbindungen vertiefen sich. Das schafft Nähe und motiviert, mehr mit dem Menschen zu kommunizieren. Die Geschichten wirken wie eine Einladung. Jede Geschichte verwebt sich mit der nächsten und baut ein Netz von gemeinsamen Erlebnissen und Erfahrungen auf. Auch das Temenos an sich ist ein solches Erlebnis. Eine Teilnehmerin sagte unlängst in einem Dreitagestemenos, dass sie noch nie so einen Raum erlebt habe, der einlädt, sich in kurzer Zeit auch zum Teil noch fremden Menschen so zu öffnen.

Über die Geschichten können wir Widersprüche und Unsicherheiten leichter akzeptieren, denn wir kennen den Hintergrund. Wir können die Erlebnisse nachvollziehen, die nicht nur von Erfolgen, sondern auch vom Scheitern, von Unklarheiten, von Fehlentscheidungen

123

und von Krisen erzählen. Erst so werden wir in den Augen von anderen Menschen menschlich. Das erleichtert uns den Zugang und den Kontakt zum Gegenüber.

Auf Basis des neuen Verständnisses und des gestiegenen Vertrauens reflektieren wir unsere aktuelle Situation: Wie enttäusche ich mein Team? Wie enttäuscht mein Team mich? Dabei treten vermutete Erwartungen hervor, die sonst nicht ausgesprochen, vielleicht auch gar nicht bewusst waren. Was erwarte ich von meinem Team – und ist diese Erwartung meine eigene oder habe ich sie in einem Kontext entwickelt, der ein ganz anderer war? Was denke ich, dass mein Team von mir erwartet? Erwartet es das wirklich – oder ist das nur eine »Altlast«? Wir machen gemeinsam reinen Tisch, klären, was uns erfolgreich macht und aufhält – individuell und gemeinsam. Anschließend können wir klarer benennen, was wir wollen, einzeln wie auch als Team. Nichts ist so schlagkräftig wie ein Team, in dem jeder weiß, was die anderen wollen, und eine gemeinsame Verabredung besteht, dass sich alle gegenseitig helfen, um das Ziel zu erreichen.

Effekte und Einsatzmöglichkeiten für Temenos

Intervention, um die Kultur »agil-freundlich« zu machen

Temenos unterstützt Unternehmen, die eine offene, wertschätzende Kultur benötigen, in der die Mitarbeiter im Rahmen von selbstorganisierten Teams oder flachen Hierarchien mehr Verantwortung für ihr Tun und Handeln übernehmen. Bei diesen Veränderungen hilft Temenos, auf das Wesentliche zu schauen, eigene Ziele und Teamziele abzustimmen und Blockaden und Konfliktsituationen wertschätzend zu klären. Im Temenos erfährt man zu den eigenen Erfahrungen und Sichtweisen ergänzende Erfahrungen von anderen, sieht Gemeinsamkeiten, bekommt Anregungen für neue Perspektiven und entwickelt sich aktiv und motiviert weiter. Das fördert ein kontinuierliches Lernen und gibt das sichere Gefühl, dass mit dieser Unterstützung Wandel möglich ist.

Reduzierung von Missverständnissen, Konflikten und Kosten aufgrund von unklarer Kommunikation

In einem Temenos erlebt man, wie es ist, mit Menschen auf Augenhöhe zu kommunizieren. Das fördert den Mut, eigene Bedürfnisse laut auszusprechen sowie Konflikte in einem früheren Stadium zu klären. Es entsteht ein Raum der gegenseitigen Förderung, der das Vertrauen vertieft und die Kommunikation offener und effektiver macht.

Im Temenos begegnet man sich von Mensch zu Mensch, unabhängig von der Rolle, die man im Alltag innehat. Hier können Dinge angesprochen werden, die im Alltag aufgrund der Rollenbarrieren oft unterbleiben. Wir erfahren zum Beispiel von der Führungskraft, dass sie immer mal wieder gescheitert ist und welche Bedürfnisse sie hat. Wir nehmen uns als Menschen wahr.

Umgang mit Widersprüchen – Diversität, flexible Ziele, Resilienz der Organisation

In einer sich immer stärker und schneller verändernden Welt mit immer schwerer vorhersehbaren Änderungen brauchen Firmen verschiedene, sich möglicherweise auch widersprechende Ziele. Mitarbeiter, die mit Widersprüchen auf der menschlichen Ebene gut umgehen können, verschaffen der Organisation die Fähigkeit, verschiedene Initiativen parallel zu verfolgen – auch in dem Wissen, dass nicht alle davon wirtschaftlich erfolgreich sein werden. Gerade um innovativ zu sein, ist es wichtig, die außergewöhnlichen Ideen oder auch die Andersartigkeit von Menschen akzeptieren zu lernen. Oft gibt es hier die Tendenz, in der Gruppe einen Konsens zu finden. Damit bestätigt man häufig nur Bekanntes. Außergewöhnliche Leistungen haben damit zu tun, aus dem bekannten in unbekanntes Terrain vorzustoßen, Unsicherheiten in Kauf zu nehmen und Ungewöhnliches auszuprobieren. Temenos hilft, die Besonderheiten von Talenten zu erkennen, wieder staunen zu lernen und dankbar für die Unterschiede und Begabungen zu sein. Das fördert die Fähigkeit, mit unklaren Situationen umzugehen, Unterschiede nicht als Konflikt zu erkennen und die Sicherheit in sich oder in der Gruppe zu finden.

Ablauf und Prinzipien von Temenos

»Bemerkenswert fand ich, welche Vertrautheit und welches Vertrauen in kurzer Zeit entstanden ist. Der große Nutzen von Temenos scheint mir wirklich in der Teamentwicklung zu liegen. Ein Team, das gemeinsam solche zwei bis drei Tage durchlaufen hat, ist zumindest in meiner Vorstellung viel leistungsfähiger und gleichzeitig menschlicher«, sagt Markus Wittwer, agiler Coach aus Hamburg.

Temenos ist methodenfrei und arbeitet mit einfachen dreiteiligen Prinzipien. Das Temenos führt von der Vergangenheit *(Influence Map)* zur Gegenwart *(Clean Slate)* und von dort in die Zukunft *(Personal Vision)*. Was hat uns in der Vergangenheit geprägt, wer sind wir heute und wer wollen wir morgen sein? In jeder dieser Ebenen wirkt eine weitere dreiteilige Struktur: Jeder Teilnehmer hat Zeit zu Introspektion, Visualisierung und Präsentation. Das heißt, jeder hat Zeit, für sich zu reflektieren, welche Ideen und Geschichten vor dem inneren Auge entstehen, wenn die Frage nach der Vergangenheit, der Gegenwart oder der Zukunft gestellt wird. Danach ist Zeit, diese Inspiration mit Bildern zu ergänzen und die bebilderte Geschichte vor der Gruppe zu erzählen. Dabei reichen »Kindergartenzeichnungen« vollkommen aus. Häufig inspirieren sich die Geschichten gegenseitig und die Teilnehmer weichen von ihren vorbereiteten Bildern ab, um zu ergänzen und Gemeinsamkeiten deutlich zu machen.

In den Influence Maps werden innerlich Fragen der Vergangenheit erforscht: Was hat mich zu der Person gemacht, die ich heute bin? Warum bin ich heute Scrum Master, Product Owner, Entwickler, Manager? Welche Erlebnisse in meinem Leben haben dazu beigetragen, dass ich vielleicht gerne mit Gruppen/allein arbeite, gerne kreativ bin oder gerne forsche? Was hat mich ermutigt, mich in meinem Leben authentisch zu zeigen? Wo gab es Erlebnisse, die dazu geführt haben, dass ich mich angepasst habe, wo ich nicht ermutigt wurde, mich mit all meinen Talenten zu zeigen? Ein Effekt dieser Erzählungen ist, dass wir uns ganzheitlich betrachten. Dass wir nicht nur unser berufliches Ich, sondern auch uns als Mensch sehen – mit unseren Vielschichtigkeiten,

Talenten, Bedürfnissen, Herausforderungen und Schwächen. Wir zeigen uns ganz, was im Alltag vieler Unternehmen selten möglich ist.

Clean Slate

Reinen Tisch machen mit der Gegenwart. Klären, was sich bewährt und was nicht passt. Welche meiner Erwartungen und Gewohnheiten machen mich erfolgreich? Wie sabotiere ich meinen eigenen Erfolg? Was erwartet mein Team von mir?
Enttäuschte Erwartungen machen wir gern mit uns selbst aus. Doch häufig täuschen wir uns in dem, was andere von uns erwarten. Und wir täuschen uns selbst darin, was wir von uns und anderen erwarten. Clean Slate lädt uns ein, das zu klären und mit neuer Energie durchzustarten.
»Ich fühle mehr Verständnis für meine Kollegen, mehr Geduld mit uns und die Lust, behutsam, aber bewusst zur Kulturänderung beizutragen«, sagt Ilja Preuß, agiler Coach der it-agile GmbH.

Clean Slate fokussiert auf die Gegenwart. Wir alle füllen im Leben verschiedene Rollen aus und sind Teile verschiedener Systeme: unser Selbst, unsere Familie, unsere Arbeit. In einem offenen Temenos wählen wir eines dieser Systeme, das aktuell bedeutsam erscheint und in dem das größte Potenzial zu einer positiven Veränderung besteht. In einem Firmenteam fokussieren wir auf das Team oder das Unternehmen. Aus den Fragen »In welcher Weise erfüllst du die Erwartungen des Systems nicht und in welcher Hinsicht erfüllt es deine nicht?« ergibt sich wieder eine persönliche Geschichte und Visualisierung. Clean Slate ermöglicht einen Außenblick auf einen inneren oder äußeren Konflikt bzw. auf Dissonanz und macht erkennbar, welche Anforderungen und Erwartungen sich da gegenüberstehen – und wie sie zusammenhängen und sich bedingen. Jeder Teilnehmer geht in die Selbstverantwortung und schaut auf sich selbst in der Gruppe und darauf, was er persönlich verändern kann. Es geht nicht darum, andere zu verändern oder zu beschuldigen. Jeder darf bei sich anfangen. Das verändert die Zusammenarbeit und hilft, einen Entwicklungsprozess in der Gruppe zu etablieren. Aus der Gruppe ergeben sich neue Perspektiven und Entscheidungsmöglichkeiten. Wir erkennen, wie wir die Situation verändern können, welche Wahlfreiheit wir haben, und übernehmen Verantwortung. Im Clean Slate erleben wir, dass es nicht nur ein Entweder-oder gibt, sondern auch ein Sowohl-als-auch, nicht nur Schwarz oder Weiß, sondern auch alle Grauschattierungen. Oft nehmen wir uns im Leben zu große Schritte vor und fangen deshalb gar nicht erst an. Es geht auch darum zu erkennen: Wo ist der größte Hebel in unserer Persönlichkeitsentwicklung, was hindert uns am meisten daran, uns authentisch im Alltag zu zeigen und zufrieden und erfüllt zu arbeiten und zu leben?

Personal und Shared Vision

Mit dem Wissen, woher wir kommen, und der Klarheit, wo wir gerade stehen, können wir neu darauf fokussieren, was uns wichtig ist: Wer möchte ich sein? Wie möchte ich sein? Was ist mir wichtig, wo möchte ich hin?
Diese Fragen gemeinsam zu beantworten und gemeinsame Antworten zu identifizieren, kann ein Team mit viel Energie nach vorne bringen.
»Ich bin erschöpft, ausgeglichen und ein Stück größer nach Hause gefahren. Für alle, die dem Unvereinbaren und Widerstrebenden Einheit und Richtung geben wollen.« (Micha Trieba, Entwickler bei Mayflower GmbH)

Die persönliche Vision ist ein Destillat dessen, was wir im Temenos reflektiert, erlebt, gehört haben und für uns als wahr erachten. Das kann ein nächster Schritt für uns sein, eine wichtige Qualität, die uns bewusst geworden ist, die wir mehr leben möchten, oder eine große langfristige Vision.

Jeder Teilnehmer stellt seine Vision vor und so entsteht ein gutes Bild davon, wem was in besonderem Maße wichtig ist. Es kann auch klar werden, dass manche Menschen sich noch Träume erfüllen möchten und dem Team deshalb nur noch für eine begrenzte Zeit zur Verfügung stehen werden. Auch das sind wichtige Informationen, die dem Team helfen, gemeinsam erfolgreich zu sein. In der persönlichen Vision bekommen alle ein Bild davon, was die Teammitglieder motiviert. Wo erhält man solche Informationen in dieser Dichte? Je häufiger man den Prozess dieser drei Schritte in der Gruppe durchläuft, desto klarer wird das eigene Bild.

In der Teamvision entsteht eine Collage aus Bildern, Texten und eventuell anderen Formen wie Theater oder Film, die das Wesentliche der gemeinsamen Vision darstellt. Im Gegensatz zu herkömmlich erarbeiteten Visionen gibt es hier Mehrdeutigkeiten, Vielfalt und bildliche Informationen. Es handelt sich nicht um ein festgelegtes Bild oder eine feste Formulierung. Es ist ein Destillat eines Momentanzustands, der herausstellt, was gerade sehr wichtig für das Team ist. Auch die Teamvision ist im Fluss. Der gemeinsame Prozess hilft zu erkennen, wo das Potenzial in der Gruppe ist, was gemeinsam erreichbar ist und welche Formen und Geschichten als Metaphern benutzt werden können, um die Identität der Gruppe zu beschreiben. Auch wird erkennbar, wo die gemeinsamen Werte liegen. Es entsteht eine gemeinsame Vision in Wort und Bild, gebündelt aus den persönlichen Geschichten und Erlebnissen der Teammitglieder. Eine Vision, die auch innerlich von den Mitarbeitern getragen wird und ihre Kraft behält.

Aufbauend darauf folgt ein Reflexionsprozess, wie diese Vision zur Strategie und den Zielen des Unternehmens passen und welche konkreten Schritte im Alltag realisiert werden wollen. Dieser Teil ist sehr individuell und abhängig von der Firmensituation, den Wünschen und den Zielen.

So entsteht Vertrauen

Das Maß an entstehendem Vertrauen ist von mehreren Faktoren abhängig. Einer ist die Zeit. Je mehr Zeit wir uns nehmen, dem anderen zuzuhören und Verbindungen zwischen uns zu entdecken, desto stärker ist der Effekt. Ein Speed-Temenos von ein bis zwei Stunden und ein Zweitagestemenos als Teamauszeit unterscheiden sich hier stark. In den ein bis zwei Stunden kann man die Prinzipien erleben und einen ersten Eindruck davon gewinnen, wie kommunikationsfördernd die Methode ist. In zwei Tagen ergibt sich die Möglichkeit, den anderen aufmerksamer und empathischer zuzuhören, als es im Alltag üblich ist. Geschichten wirken, wir nehmen uns Zeit für die eigene Reflexion. Wir gelangen von der Arbeitsebene wirklich in einen entspannten und damit kreativeren Zustand und können neue Verhaltensweisen entwickeln. Das Erlebnis, sich offen zu zeigen, ohne das Risiko, unterbrochen zu werden, Widerstand zu erfahren oder angegriffen zu werden, ist für viele von großem Wert. Es ist eine wichtige Form von Wertschätzung, die viele Menschen in ihrem beruflichen und manchmal auch in ihrem Privatleben nur selten erfahren.

Temenos-Effekte:

Wir lernen uns besser und von einer neuen Seite kennen.
Wir wissen, wohin wir wollen und was wir dafür brauchen und was nicht.
Wir wissen, wie wir uns gegenseitig helfen können, unser Ziel zu erreichen.

Ein weiterer Vertrauensfaktor im Temenos ist die Haltung des »Gastgebers«. Die Wirkung von Temenos wird dadurch ermöglicht, dass sich alle auf Augenhöhe begegnen, auch der Gastgeber. Dieser hat einerseits die Aufgabe, einen sicheren, wertschätzenden Raum aufzubauen, in dem wir uns trauen, uns authentisch zu zeigen, andererseits ist der Gastgeber auch aktiver Gesprächsteilnehmer und Geschichtenerzähler. Er ist Vorbild und geht voran, indem er authentisch und offen eigene Geschichten erzählt und Empathie, Mitgefühl und Wertschätzung zeigt. Die Qualität des Raumes ist untrennbar mit der Haltung des Gastgebers verbunden, seinem Mut, sich zu zeigen und die Entwicklung des gemeinsamen Raumes in eine positive Richtung zu lenken. Der Gastgeber kann mit allen aufkommenden Erlebnissen und Gefühlen umgehen, gibt den Teilnehmern dadurch Sicherheit und schafft die Voraussetzung für Vertrauen.

Temenos – Workshops und Pläne

Temenos ist eine offene Methode und verlangt keine Zertifizierung. Zwischen Sommer 2013 und Sommer 2014 haben Olaf Lewitz und Christine Neidhardt ca. 40 Workshops gehalten. Im Februar 2015 ist eine erste Akademie für Gastgeber, die mit Temenos arbeiten möchten, geplant.

Literatur

[1]   APPELO, JUERGEN: *Management 3.0. Boston: Addison Wesley, 2010*

[2]   *Agiles Manifest, http://agilemanifesto.org/iso/de/*

[3]   COVEY, STEVEN M.R.: *Schnelligkeit durch Vertrauen. Offenbach: Gabal Verlag, 2009*

[4]   JUNG, C.G. : *Psychology and Alchemy. par. 63., 1968 und*
       http://en.wikipedia.org/wiki/Temenos

[5]   DENNING, STEPHEN: *The Leader's Guide to Storytelling. 2. Aufl. San Francisco: Jossey-Bass, 2011*

Zusammenfassung

Mit Temenos schaffen wir Räume im Arbeitsalltag, in denen wir reflektieren, was unser Verhalten geprägt hat. Gemeinsam identifizieren wir, welche Muster uns erfolgreich machen und welche nicht. Wir erkennen Handlungsoptionen, die für uns selbst und unser Unternehmen eine wertschätzende Unternehmenskultur fördern und uns für zukünftige Erfolge anpassungsfähig machen. Das Wir im Unternehmen wird durch Aufmerksamkeit, Klarheit und die gemeinsame Ausrichtung auf ein Ziel gestärkt.

Nutzen Sie Temenos, wenn ...
⇨ Sie etwas Neues anfangen möchten.
⇨ Sie sich festgefahren fühlen und gemeinsam neu starten möchten.
⇨ jeder sein Ding macht und der Zusammenhalt fehlt.
⇨ Sie das Gefühl haben, dass in Ihrem Team noch mehr geht.
⇨ die ineffektive Zusammenarbeit des Führungsteams die Effektivität der ganzen Organisation lähmt.
⇨ Sie sich und Ihren Mitarbeitern die Gelegenheit geben möchten, Klarheit über Ziele, Stärken und Schwächen zu erlangen.

2. Skalierung – Agilität im Großen

Was heißt hier »agil«?

Wann ist eine Organisation eigentlich agil? Zur Beant-
wortung dieser Frage wurden diverse Modelle in den
Markt geworfen, von denen keines überzeugen konnte.
In diesem Beitrag stelle ich ein alternatives Modell
vor. Es identifiziert Charakteristika existierender agiler
Organisationen.

In diesem Beitrag erfahren Sie:
- warum eine agile Organisation mehr bedeutet als
  nur ein paar agil arbeitende Entwicklungsteams,
- welche Unternemensfunktionen für eine agile
  Transformation relevant sind,
- welche Konzepte Ihnen in den einzelnen
  Bereichen weiterhelfen können.

JENS COLDEWEY

Einleitung

Was macht eigentlich eine agile Organisation aus? Vor dieser Frage steht man unweigerlich, wenn man sich damit beschäftigt, eine
Organisation auf Agilität umzustellen – sei es als Teammitglied, verantwortliche Führungskraft oder als Coach. Ein bekannter Versuch,
diese Frage zu beantworten, ist Jeff Sutherlands »Nokia Test« [1], der
versucht, den Grad einer Scrum-Einführung anhand von zehn Fragen
zu bestimmen. Andere Ansätze lehnen sich an das »Capability Maturity Model« des Software Engineering Institutes an und versuchen, ein
»Agility Maturity Model« zu etablieren. Alle diese Versuche scheiterten
aber letztlich. Unseres Erachtens deshalb, weil sie das falsche Problem
lösen.

Das falsche Problem

Die genannten Ansätze konzentrieren sich auf die An- oder Abwesenheit bestimmter Praktiken. So fragt zum Beispiel der Nokia Test in seiner neuesten Fassung nach der Iterationslänge. Die höchste Punktzahl erhalten Teams, die mit festen Iterationen von vier oder weniger Wochen arbeiten, null Punkte jene Teams, die keine Iterationen haben. Nun sind Iterationen bzw. Sprints fester Länge ein zentrales Element von Scrum, aber vier Wochen werden heute von vielen Teams bereits als extrem lang angesehen – der Stand der Kunst liegt mittlerweile eher bei ein bis zwei Wochen. Und sind Teams, die mit Kanban arbeiten und einen »Continuous Flow« anstreben, deshalb weniger agil? Sind nicht Kundenorientierung, Transparenz und Selbstorganisation des Teams in Scrum wichtiger als die Sprintlänge? Allein mit der Diskussion dieser Fragen ließen sich Bücher füllen.

Die Definition über Praktiken funktioniert aus mehreren Gründen nicht. Erstens stellen Praktiken nur eine Momentaufnahme der derzeitigen Möglichkeiten dar. Waren zur Gründerzeit der agilen Verfahren zwei- bis vierwöchige Iterationen noch die revolutionäre Spitze technischer Möglichkeiten, stellen Firmen wie Flickr oder ebay heute mit »Continuous Deployment« Dutzende neuer Versionen pro Tag in Produktion. Hier Grenzen zu ziehen, ist immer willkürlich und oft veraltet, bevor man sich auf die Grenze geeinigt hat.

Zweitens werden durch definierte Praktiken Teile des Prozesses festgelegt. Das erscheint zumindest merkwürdig für eine Bewegung, die als ersten Leitsatz hat: »Uns sind Individuen und Interaktionen wichtiger als Prozesse und Werkzeuge.« Zwar betreiben agile Teams großen Aufwand, um ihren Prozess im Rahmen von Retrospektiven zu pflegen und zu optimieren, aber gerade das bedeutet ja auch ständige Änderung des Prozesses: Es ist schwer, sich ständig zu verbessern, ohne sich ständig zu verändern. Eine »Reifeprüfung«, die sich an der Einhaltung bestimmter Praktiken orientiert, ist in diesem Kontext ein Widerspruch in sich und behindert eher den Fortschritt, als ihn zu befördern.

Man könnte dieses Dilemma nun auflösen, wie Alistair Cockburn das vor einiger Zeit getan hat: »Wenn du regelmäßig auslieferst und regelmäßig Retrospektiven machst, bist du agil«, stellte er einmal fest. Dem ist schwer zu widersprechen, zumindest wenn man Retrospektiven nicht nur als Pflichtritual abhandelt, sondern ernst nimmt. Allerdings ist diese Sichtweise zu generisch, um hilfreich zu sein. Zudem sehen wir immer wieder Organisationen, die zwar alle Scrum-Praktiken gewissenhaft einhalten, von Selbstorganisation und hochperformanten Teams aber meilenweit entfernt sind. Ken Schwaber hat dafür den Begriff »ScrumBut« geprägt (vgl. [2]), mir persönlich gefällt auch der Begriff »Scrum spielen«.

Drittens sind die Praktiken auch noch stark abhängig vom Kontext, über den wir sprechen. Für das Entwicklungsteam eines Softwareprodukts kann es eine ziemlich gute Idee sein, geschützte Zeitintervalle einzuführen, in denen keine Änderungen von außen kommen. Für ein Wartungsteam, das nebenbei auch noch die Produktion sicherstellen muss, wäre das eine ausgesprochen dumme Idee. »Warten Sie bitte bis zur nächsten Sprint-Planung« ist sicher nicht die Aussage, die der Betriebsleiter bei einem Produktionsstillstand hören möchte, wenn pro Tag zweistellige Millionenbeträge verloren gehen. Und wie beantworten wir die Frage, wie denn das Personalmanagement einer agilen Firma funktioniert oder das Portfoliomanagement? »Scrum!« oder »Kanban!« sind hier sicher unzureichende Antworten.

Schließlich stellt sich auch immer wieder die Frage, ob wirklich ein kompletter Großkonzern vom Pförtner bis zur Küchenhilfe agilisiert sein muss, damit er Agilität erfolgreich nutzen kann. Wir wissen zwar, dass reine »agile Entwicklungsinseln« nur einen Bruchteil ihres Potenzials betriebswirtschaftlich realisieren können, aber wo sind die Grenzen?

Die An- oder Abwesenheit gewisser Praktiken ist also vielleicht ein Indikator, ob man eine bestimmte agile Methode wie Scrum oder Kanban einhält, aber kein brauchbares Kriterium um festzustellen, was eigentlich eine agile Organisation ist.

Ein ganz anderer Ansatz

Dieser Problematik waren wir uns bewusst, als wir uns im Dezember 2011 auf Einladung von Diana Larsen, Esther Derby und Michael Hammam in Dallas zu einem Workshop zu »Agile Enterprise Adoption« trafen, also zur Agilisierung ganzer Unternehmen. »Wir«, das war eine Gruppe von 15 Managern und Beratern, die von der Agile Alliance im Rahmen des »Supporting Enterprise Adoption«-Programms eingeladen worden waren (vgl. [3]), um neue Erkenntnisse zu agilen Organisationen zu generieren.

Um die genannten Probleme zu vermeiden, versuchten wir einen ganz anderen Ansatz, der eher aus der Pattern-Literatur bekannt ist – freilich ohne dass wir den Anspruch gehabt hätten, daraus Patterns zu isolieren: Wir trugen Informationen über alle möglichen Organisationen und Organisationseinheiten zusammen, die unserer Ansicht nach »irgendwie agil« waren, und versuchten, Gemeinsamkeiten zwischen diesen Organisationen zu finden. Nachdem die Organisatoren

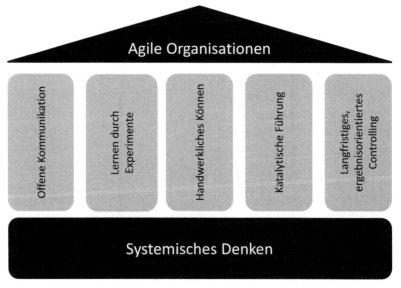

Abb. 1: *Agile Organisationen ruhen auf einem Fundament aus systemischem Denken und fünf Säulen*

einen sehr breiten Mix von Managern und Beratern eingeladen hatten, bekamen wir innerhalb kürzester Zeit mehrere Dutzend Beispiele zusammen, zu denen zumindest einer im Kreis auch interne Informationen beisteuern konnte. Das reichte von globalen Großorganisationen, wie Nokia, Intel, Telekom, Allianz oder SAP, über eine Vielzahl mittelgroßer Unternehmen in den USA und in Europa bis hin zu völlig innovativ aufgestellten kleinen Unternehmen, wie dem Netzwerk Cutter, einer kalifornischen Windenergieberatung oder Spotify in Schweden.

So unterschiedlich die Unternehmen in Größe, Kultur, Branche und »Agilisierungsgrad« waren, so konnten wir doch schon bald einige klare Muster erkennen, die wir schließlich in einer kleineren Gruppe zu einem Modell der »Charakteristika agiler Organisationen« verdichteten (vgl. Abb. 1 und [4]). Dieses Modell identifiziert sechs Managementbereiche, die in uns bekannten agilen Organisationen anders funktionieren als in traditionellen Organisationen – fünf Säulen und ein Fundament:

⇨ *Offene Kommunikation:* Damit agile Ansätze und Selbstorganisation funktionieren, muss eine angemessene Kommunikationsstruktur etabliert sein, die neben Informationen über das operative Geschäft auch unerwartete und gelegentlich schmerzliche Informationen transportieren kann. Bei größeren Organisationen hat das etwas mit Kommunikationstechnik zu tun, vor allem ist es aber eine Frage der Kommunikationskultur.

⇨ *Lernen durch Experimente:* Agile Organisationen lernen nicht durch groß angelegte Veränderungsinitiativen, die mit langen Analyse- und Planungsphasen einhergehen. Stattdessen schaffen sie eine Umgebung, in der in begrenzten Experimenten Erfahrungen gemacht, ausgewertet und dann verbreitet werden. Dafür muss sich das Management vom Ideal einheitlicher Prozesse verabschieden sowie eine positive Einstellung zum Scheitern etablieren – ein radikaler Wandel für viele Firmenkulturen.

⇨ *Handwerkliches Können:* Auf allen Ebenen einer agilen Organisation sind sich die Beteiligten über den Wert handwerklichen Könnens im Klaren. Das betrifft die eigenen Fähigkeiten, aber auch den gegenseitigen Respekt vor den Fähigkeiten anderer, insbesondere wenn sie für andere Aufgaben zuständig sind. Wertschätzung für handwerkliches Können ist eine klare Abkehr von tayloristischen Ansätzen, bei denen »oben gedacht und unten gemacht« wird (Zitat Niels Pfläging). Zudem führt es zu einer Kultur des lebenslangen Lernens und hoher Wertschätzung für Aus- und Fortbildung.

⇨ *Katalytische Führung:* In agilen Organisationen besteht Führung nicht mehr in Arbeitsanweisungen und Ausführungskontrolle, da diese Elemente klassischer Hierarchie in selbstorganisierten Teams ihre Bedeutung verlieren. Stattdessen konzentriert sich das Führungspersonal darauf, die Bedingungen für zielführende Selbstorganisation sicherzustellen und die Organisation als Ganzes voranzubringen. Dies unterscheidet sich fundamental vom klassischen Bild des Managers als »Master of Business Administration«. Es geht aber auch weiter als die »dienende Führung«, die zum Beispiel von Scrum propagiert wird.

⇨ *Langfristiges, ergebnisorientiertes Controlling:* Um eine agile Organisation betriebswirtschaftlich zu führen, eignen sich budgetorientierte Controllingansätze wenig. Sie gleichen primär den Ist-Zustand mit zuvor verabschiedeten Plänen ab und haben oft kurzfristige Kennzahlen im Fokus. Hier werden ergebnisorientierte Ansätze benötigt, die auf langfristige Gewinne ausgelegt sind und auch kurz- wie mittelfristige Durststrecken aushalten können.

Diese tragenden Säulen ruhen auf dem gemeinsamen Fundament des *systemischen Denkens* im Sinne der Komplexitätstheorie. Agile Organisationen werden nicht wie lineare Maschinen geführt, bei denen sich durch Drehen an einer Kennzahl eine andere Kennzahl vorhersehbar optimieren lässt. Sie werden als komplexe, adaptive Systeme begriffen, die ein Eigenleben führen. Das Management versteht, dass nichttriviale Organisationen zwar beeinflussbar sind, nicht aber vorhersehbar gesteuert werden können.

Es ist übrigens nicht notwendig, alle diese Säulen in voller Schönheit umgesetzt zu haben. Gerade in großen Organisationen sind an vielen Punkten Kompromisse notwendig. Und auch kleine, selbstbestimmte Unternehmen, die diese Ideen konsequent verfolgen, finden sich bald in nicht immer ungefährlichem betriebswirtschaftlichem und organisatorischem Neuland. Agilität ist in diesem Modell kein Ziel, das man im Rahmen eines Zweijahresprojekts abhakt, um sich dann der nächsten Herausforderung zuzuwenden, sondern ein Weg, auf den man sich begibt, ohne jemals anzukommen (im Englischen haben wir den Begriff »Quest« verwendet, der sich mit »Suchwanderung« zwar korrekt, aber nur sehr unschön übersetzen lässt). Wichtig für eine agile Organisation ist es unseres Erachtens nicht, wie weit man auf diesem Weg vorangekommen ist, sondern dass ihn alle Beteiligten verstanden haben und verfolgen.

Was heißt hier »Organisation«?

Bevor ich auf die einzelnen Säulen eingehe, muss ich das Konzept der »Organisation« noch genauer erläutern, von dem wir ausgegangen sind. Im Falle eines börsennotierten Großkonzerns ergibt es offensichtlich wenig Sinn, eine durchgehende Veränderung der Führungs- und Controllingpraxis zu fordern. Umgekehrt wäre es aber auch zu kurz gegriffen, solchen Unternehmen allein deshalb die grundsätzliche Fähigkeit zu agilem Arbeiten abzusprechen.

Erfolgreiche agile Initiativen in den von uns betrachteten Unternehmen hatten sich daher auch nicht die Umstellung der gesamten Firma zum Ziel gesetzt, waren aber doch deutlich über die Scrum-Einführung in ein oder zwei Entwicklungsteams hinausgekommen. Damit sie betriebswirtschaftlich erfolgreich agieren konnten, mussten sie zumindest eine vollständige Wertschöpfungskette agilisiert haben, also die Kette von Marktbedürfnissen bis zum lebendigen Marktprodukt inklusive der dazu notwendigen Unterstützungsorganisation. Selbst wenn sie nur eine kleine Nische im Gesamtportfolio des Unternehmens füllten, konnten sich solche Organisationseinheiten langfristig agil etablieren. Im Gegensatz dazu scheiterten selbst exzellente Teams, wenn es ihnen nicht gelang, diese Wertschöpfungskette komplett umzustellen (vgl. [5]). Chryslers CCC-Projekt, die Keimzelle von Extreme Programming, ist nur ein Beispiel dafür [6].

Eine agile Organisation in unserem Sinne muss also breit genug aufgestellt sein, um eine komplette Wertschöpfungskette abzubilden. Wenn dann die Schnittstellen in die Restorganisation hinreichend funktionsfähig sind, kann sie durchaus erfolgreich agil am Markt agieren.

Systemisches Denken

Spätestens seit Frederick Taylor das »wissenschaftliche Management« erfunden hat und damit die industrielle Revolution entscheidend prägte, herrscht in vielen Organisationen ein mechanistisches Weltbild vor. In ihm gibt es klare Ursache-Wirkungs-Ketten: »Wenn ich die 20 % schlechtesten Mitarbeiter loswerde, erhöht sich die durchschnittliche Performance meiner Mannschaft erheblich« oder »Wenn ich das System in Indien zu einem 70 % niedrigeren Tagessatz entwickeln lassen kann, spare ich 60 % der Kosten« sind typische Denkmuster dieses Weltbildes. Aufgabe des Managements ist es, das Unternehmen zu steuern, indem es Vorgaben verändert und kontrolliert, ob sie eingehalten werden.

Dem mechanistischen Weltbild wird spätestens seit den frühen 90er-Jahren ein Bild von der Organisation als komplexem adaptiven System entgegengesetzt. Dieses Bild stammt aus der Komplexitätsforschung. Dabei geht man davon aus, dass sich das Verhalten der Organisation aus vielfältigen und zyklischen Ursache-Wirkungs-Ketten ergibt. Solche Systeme entwickeln ein Eigenleben, in dem die Wirkung einzelner Maßnahmen nicht mehr vorhersehbar ist. Man spricht von »selbstorganisierten Systemen«. (Eine sehr gute Einführung in die Thematik gibt John Hollands Buch »Emergence« [7]).

Man kann auch selbstorganisierte Systeme durch entsprechend enge Vorgaben und Kontrollen in ein vorhersehbares Korsett pressen, wie es zum Beispiel bei der Fließbandproduktion geschah. Das führt zu wiederholbaren Prozessen, doch reagieren solche Organisationen schwerfällig auf Änderungen im Markt und sind anfällig gegenüber Störungen. Die zunehmende Dynamisierung der Märkte bereitet ihnen wachsende Schwierigkeiten. Insbesondere behindern solche Vorgaben innovative Ansätze.

Das systemische Management konzentriert sich nicht auf Vorgaben und Kontrollen, sondern schafft und sichert den Spielraum, dessen Grenzen und die Interaktionsmöglichkeiten, die für schnelle Reaktionen und innovatives Arbeiten notwendig sind. Statt Vorgaben werden Feedbackschleifen eingebaut, die umso besser funktionieren, je schneller und klarer das Feedback kommt. Veränderungen werden in kleinen Schritten vorgenommen, ihre Auswirkungen werden jeweils von allen Beteiligten überprüft.

Agile Verfahren bauen solche komplexen adaptiven Organisationen für die Softwareentwicklung auf. Um komplexe adaptive Systeme organisationsweit einzusetzen, muss das Management über agile Entwicklungsverfahren hinaus systemisches Denken verstanden haben und einsetzen können. Mittlerweile haben sich einige Modelle und Management-Frameworks rund um diese Idee entwickelt, wie zum

Abb. 2: *Systemisches Denken: Abwandlung des Landscape Diagrams aus dem Human Systems Dynamics zum Verständnis von Problemklassen und adäquaten Organisationsformen*

Beispiel Peter Senges »Lernende Organisationen« (vgl. [8]), David Snowdens »Cynefin Framework« (vgl. [9]) oder Glenda Eoyangs »Human Systems Dynamics« (siehe Abb. 2 und [10]). In den von uns betrachteten Organisationen kam mindestens einer dieser Werkzeugsätze zum Einsatz, oft mehrere.

Offene Kommunikation

Agile Organisationen sind Organisationen, die sich mit unbekannten und unerwarteten Aufgaben beschäftigen. Sie brauchen daher Kommunikationskanäle, auf denen sich unerwartete Informationen verbreiten können. Dabei spielt es keine Rolle, ob der Sender oder der Empfänger die Information nicht erwartet hat – oder vielleicht auch beide. In kleinen Organisationen bieten Kaffeeküchen, Kicker- und Loungebereiche Gelegenheit für solchen Austausch. Bei größeren oder verteilt arbeitenden Organisationen haben sich Systeme wie Wikis und internes Microblogging etabliert. Andere Kanäle für offene Kommunikation sind physische Taskboards, Burn-up-Charts, regelmäßige Open Spaces, »Scrum Cafés« oder Retrospektiven: Man erfährt Neuigkeiten dort auch dann, wenn Sendern oder Empfängern gar nicht klar ist, dass der andere über diese Information gerade verfügt oder sie benötigen könnte – oder wenn man die Information gar nicht hören will.

Zur offenen Kommunikation zählt aber nicht nur das Medium, sondern noch mehr eine entsprechende Kommunikations*kultur.* Man muss offen über Fehler und Probleme reden können (sogar über die eigenen!), sonst wird Kommunikation politisch gefiltert und führt letztlich zu kontraproduktivem Verhalten der Organisation. Viele Großvorhaben sind letztlich an ihrer Kommunikations- und Fehlerkultur gescheitert.

Ein positives Beispiel offener Kommunikation war der interne Blog eines oberen Managers in einem DAX-Unternehmen: Hier berichtete er nicht nur offen und durchaus kritisch über seine Sicht auf Vorgänge im Unternehmen, sondern – ein Novum – erlaubte auch unmoderierte und sogar anonyme Kommentare. Als auch noch klar wurde, dass kritische Kommentare dort ernst genommen werden und nicht dazu führten, »Schuldige« zu suchen, entwickelte sich der Blog schnell zu einem zentralen Austauschmedium – und einer der Keimzellen, aus denen einige Jahre später die Einführung agiler Praktiken entstand.

Solche offenen Kommunikationsplattformen sind wenig effizient. Es kostet Zeit, sich auszutauschen, das Ziel ist in der Regel nicht klar und oft genug werden sie »lediglich« für sozialen Austausch genutzt. Lineares Denken würde daher den Schluss nahelegen, dass die Organisation effizienter würde, wenn man auf solche Kanäle verzichtete. Systemisch denkende Manager und Coaches verstehen, dass Design, Bereitstellung und Pflege solcher Austauschplattformen zentrale Instrumente sind, um Selbstorganisation in der Organisation zu etablieren und zu erhalten. Sie kosten zwar Effizienz der Einzelnen, erhöhen aber die Effektivität der Gesamtorganisation.

Lernen durch Experimente

Durch offene Kommunikation entstehen viele Ideen zur Verbesserung der Organisation. Nicht jede dieser Ideen stellt wirklich eine Verbesserung dar. Manche entpuppen sich eher als Verschlechterung, andere sind schlichtweg nicht durchsetzbar. In traditionellen Organisationen wird häufig versucht, in umfangreichen Analysen die Ideen zu überprüfen, sodass nur solche Veränderungen umgesetzt werden, die wirklich eine Verbesserung darstellen. Was in der Theorie sehr vernünftig klingt, stellt sich in der Praxis allerdings oft als unüberwindliche Hürde dar: Der hohe Aufwand rechtfertigt sich nur für wahrhaft große Veränderungen, deren Erfolg aber trotz umfangreicher Analysen eben nicht sichergestellt werden kann – schließlich sind Organisationen komplexe Systeme, die sich nicht zuverlässig vorhersagen lassen.

Die von uns betrachteten Organisationen haben daraus den Schluss gezogen, Veränderungen anders anzugehen: Bei ihnen laufen keine großen »Change-Programme« mehr, sondern eine Vielzahl kleiner Experimente; statt teurer Analysen wird »einfach« ausprobiert und verglichen. Diese Experimente können auf allen Ebenen angestoßen werden (siehe Abb. 3).

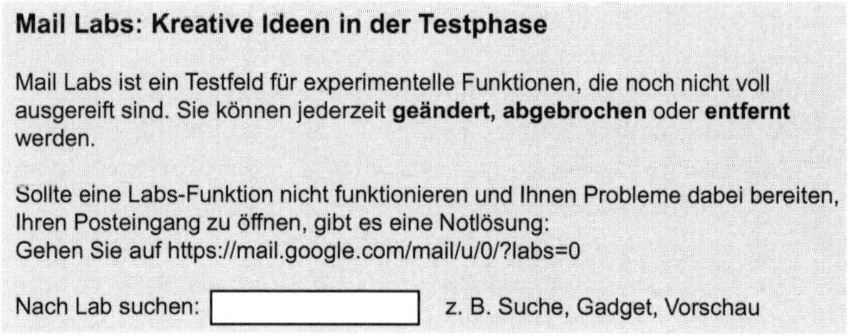

Mail Labs: Kreative Ideen in der Testphase

Mail Labs ist ein Testfeld für experimentelle Funktionen, die noch nicht voll
ausgereift sind. Sie können jederzeit **geändert, abgebrochen** oder **entfernt**
werden.

Sollte eine Labs-Funktion nicht funktionieren und Ihnen Probleme dabei bereiten,
Ihren Posteingang zu öffnen, gibt es eine Notlösung:
Gehen Sie auf https://mail.google.com/mail/u/0/?labs=0

Nach Lab suchen: z. B. Suche, Gadget, Vorschau

Abb. 3:   *Lernen durch Experimente: Die Lab-Funktionen bei Google Mail*

Die Anführungszeichen um das »einfach« deuten schon an, dass es hier
nicht um wildes Trial-and-Error geht, sondern um einen disziplinierten
Umgang mit Ideen. Zu einem Experiment gehört dabei zunächst eine
Hypothese, die es zu verifizieren oder zu falsifizieren gilt. So könnte
ein Team überlegen, dass ein zusätzliches Meeting die Abstimmung
mit einem Nachbarteam verbessern könnte. Neben dem eigentlichen
Experiment wird sich das Team darüber klar, wann es die Hypothese
als belegt betrachtet, zum Beispiel wenn sich die Durchlaufzeit bestimmter Aufgaben um mindestens 10 % verbessert, und wie lange das
Experiment laufen soll, zum Beispiel drei Monate. Am Ende dieser drei
Monate wird das Experiment dann ausgewertet und über das weitere
Vorgehen entschieden. Dabei gibt es keinen Automatismus zwischen
»Erfolgskriterien erreicht« und »Veränderung wird etabliert«. Es kann
durchaus passieren, dass die Hypothese zwar bestätigt wird, das Experiment aber so starke unerwartete Nebenwirkungen hatte, dass das Team
doch zur alten Arbeitsweise zurückkehrt, oder umgekehrt der erhoffte
Erfolg zwar ausblieb, aber andere, unerwartete Effekte eintraten, die
man nun nicht mehr missen möchte.

    Experimente bedeuten den bewussten Verzicht auf allgemeingültige
Prozesse. Unterschiede werden gezielt gefördert, um aus den verschiedenen Ansätzen lernen zu können. Die Adaptions- und Weiterentwick-
lungsfähigkeit geht hier vor Effizienz, eine Abwägung, die für komplexe Systeme typisch ist.

146

Experimente müssen aber auch scheitern können und dürfen: Ein Experiment muss ergebnisoffen sein, damit es seinen Namen verdient. Die von uns betrachteten Organisationen pflegen einen konstruktiven Umgang mit dem Scheitern, vorausgesetzt, die Beteiligten lernen aus dem Scheitern und teilen diese Lehren mit anderen. Über Experimente wird offen kommuniziert, über die erfolgreichen wie über die gescheiterten.

Das Lernen in kleinen Experimenten führt auch zu einer Abkehr von langfristigen Zielvorgaben. Es ist nicht mehr sinnvoll, in einer sich schnell verändernden Umgebung Zielvereinbarungen über zwölf Monate abzuschließen. Stattdessen spielen Umsicht und professionelle Durchführung der Experimente eine wichtigere Rolle in der individuellen Beurteilung.

Auf umfangreiche Vorabanalysen zu verzichten, erhöht die Reaktionsfähigkeit der Organisation zwar enorm und gibt ihr auch die Möglichkeit, sehr viel mehr verschiedene Ansätze auszuprobieren, doch hat auch das seinen Preis. Man muss sicherstellen, dass die Vielzahl der Experimente nicht den Bestand der Organisation gefährdet. Die Fähigkeit der Organisation, ihr Tagesgeschäft abzuwickeln, kann durch zu viele zu riskante parallel laufende Experimente so stark beeinträchtigt werden, dass der Rest des Unternehmens ein eventuelles Scheitern nicht mehr abfangen kann. Die von uns betrachteten Organisationen nutzen daher Mechanismen zur Koordination der Experimente, wie zum Beispiel Enterprise-Transition-Teams oder Koordinationsrunden.

Handwerkliches Können

Der starke Fokus auf Feedback und Selbstorganisation führt in den betrachteten Organisationen zu einer Betonung der Eigenverantwortung. Um dieser Verantwortung gerecht zu werden, fördern diese Organisationen handwerkliches Können und damit auch lebenslange Weiterentwicklung. Man findet dort naheliegenderweise Initiativen zum Software Craftsmanship. Fachverantwortliche und Management sind sich deutlich öfter als in traditionellen Organisationen ihrer persönlichen Weiterentwicklungspotenziale bewusst und investieren systematisch in ihr eigenes Können als Führungspersonen. Eine Kultur des ständigen Feedbacks wird also ergänzt durch eine Kultur des ständigen Lernens. Das ist mit Kosten verbunden, also ist ein wesentlicher Bestandteil dieser Kultur die Überzeugung, dass diese Kosten Investitionen darstellen, die sich vielfach wieder amortisieren.

Um einem verbreiteten Missverständnis vorzubeugen: Die Wertschätzung für handwerkliches Können steht nicht im Gegensatz zu der Bedeutung einer soliden akademischen Ausbildung oder disziplinierter ingenieursmäßiger Arbeit. Vielmehr bilden sie eine wichtige Grundlage für die persönliche Weiterentwicklung.

Katalytische Führung

In seinem Buch »Leadership Agility« [11] – das trotz seines Titels unabhängig von dem Begriff der Agilität in der Softwareentwicklung entstand – entwickelt Bill Joiner ein fünfstufiges Entwicklungsmodell für Führungspersönlichkeiten (vgl. Abb. 4), eine Erweiterung des von David Bradford und Allan Cohen in den 1980er-Jahren eingeführten Konzepts der post-heroischen Führung.

Während Joiner aufgrund seiner Beobachtungen über 80 % der Manager aller Hierarchieebenen auf den beiden »heroischen« Levels »Experte« und »Macher« verortet, zeigen die treibenden Führungspersönlichkeiten in den von uns betrachteten Organisationen in der deut-

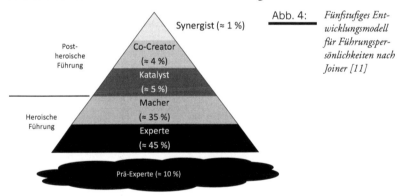

Abb. 4: *Fünfstufiges Entwicklungsmodell für Führungspersönlichkeiten nach Joiner [11]*

lichen Mehrheit »post-heroisches« Führungsverhalten – in der Regel den sogenannten katalytischen Führungsstil, der sich unter anderem dadurch auszeichnet, dass Führung nicht mehr primär der formalen Hierarchie folgt, sondern sich auch informeller Führungsrollen bedient.

Katalytische Führungspersönlichkeiten konzentrieren sich vor allem darauf, eine Organisation so zu formen, dass sie die Probleme selbst lösen kann. Dieses Konzept ist verwandt mit der aus Scrum bekannten dienenden Führung, geht aber deutlich weiter, weil sie nicht nur festlegt, was das Management *nicht* zu tun hat, sondern die Verantwortlichkeit des Managements auf eine neue Ebene hebt. In diesen Organisationen ist es eben nicht mehr Aufgabe des Managements, Vorgaben zu machen und deren Einhaltung zu überprüfen, sondern als Katalysator für die Selbstorganisation zu dienen. Dies umfasst Coaching-ähnliche Aufgaben, aber auch den Aufbau und die Pflege einer formalen Organisation, die Selbstorganisation über die Teamebene hinaus ermöglicht. Systemisches Denken und Ansätze wie Human Systems Dynamics helfen, die dafür notwendigen Managementwerkzeuge bereitzustellen.

Joiner hebt die starke Rolle der Selbstreflexion hervor, die postheroische Führungspersonen praktizieren. In den von uns betrachteten Organisationen fand sich diese Fähigkeit zur Selbstreflexion zum einem in der Feedbackkultur, die Kritik an den formal Vorgesetzten ausdrücklich förderte, zum anderen auch in institutionalisierten Reflexionsrunden, wie Retrospektiven über Teamgrenzen hinaus.

Langfristiges, ergebnisorientiertes Controlling

Governance und Controlling zählen zu den zentralen Funktionen eines Unternehmens. Sie sollen sicherstellen, dass die Firma trotz unterschiedlicher Einzelinteressen sowohl wirschaftlich als auch kulturell nicht auseinanderfällt. In diesem Bereich stellten wir die größte Varianz zwischen den betrachteten Organisationen fest: Von traditionellen individuellen KPI-Ansätzen in Großkonzernen bis hin zu verteilten partizipativen Strukturen waren alle Varianten vertreten.

Ob eine gegebene Governance aber als hilfreich oder eher als störend empfunden wurde, konnten wir recht deutlich an zwei Kriterien festmachen: Langfristigkeit und Ergebnisorientierung.

Agile Entwicklung bemüht sich, eine Balance zwischen kurzfristigen Zielen und langfristig nachhaltiger Wertschöpfung zu finden. Controllingstrukturen, die das jeweils nächste Quartal im Auge haben, üben in der Regel einen starken Druck hin zu kurzfristigen Zielen aus, die dann mit technischen Schulden, hoher Arbeitsbelastung und anderen wenig nachhaltigen Ansätzen umgesetzt werden. In solchen Strukturen konnten wir deutlich weniger Selbstorganisation beobachten als in Strukturen, die langfristige Wertschöpfung in den Vordergrund stellen und zum Beispiel Funktionalität, erworbene Erfahrung oder technische Schulden als Ressourcen betrachten, mit denen langfristig gewirtschaftet wird.

Mindestens ebenso wichtig für den Erfolg agiler Verfahren war das Controlling gegen verwertbare Ergebnisse und nicht gegen zuvor aufgestellte Pläne. Wenn der Projektfortschritt gegen Meilensteinpläne geprüft wird und die Einhaltung von Budgets das zentrale Steuerungsinstrument ist, erzeugen Änderungen unverhältnismäßig hohe Aufwände und werden daher vermieden. Wesentlich günstiger stellten sich stattdessen grobe Ergebnisvorgaben heraus, wie zum Beispiel »bis Jahresende Break-even erreichen« oder »innerhalb der nächsten zwei Jahre ein bestimmtes Marktsegment besetzen«. Ein interessantes Mittel ist in diesem Zusammenhang, auf Budgets im klassischen Sinne zu verzichten und stattdessen über Investitionsbereitschaft zu sprechen. Diese steckt den finanziellen Rahmen, innerhalb dessen ein bestimmter zusätzlicher Mehrwert erreicht werden sollte. Findet das Team keinen erfolgversprechenden Weg, innerhalb dieses Rahmens einen Mehrwert zu schaffen, wird die Investition nicht getätigt. Ist der Rahmen ausgeschöpft, entscheidet der »Investor« auf Basis der neuen Erkenntnisse, ob es bei dieser Investition bleibt, der Rahmen erweitert oder die Investition abgeschrieben wird. Dieses Vorgehen korrespondiert gut mit dem Lernen durch Experimente, ist aber in vielen Unternehmen nur sehr schwer durchsetzbar.

Eine interessante Folge dieser Beobachtungen ist, dass agile Organisationen sich damit in einem erstaunlichen Maße mit den Überlegungen der »Beyond Budgeting«- bzw. »Beta-Kodex«-Bewegung decken, die aus dem Umfeld des Konzern-Controlling stammt (vgl. [12]). Dies ist umso erstaunlicher, als es bis vor Kurzem wohl keine Berührungspunkte zwischen dieser Community und der agilen Community gab.

Fazit

Das in diesem Kapitel vorgestellte Modell gibt Orientierung, woran man agile Organisationen erkennen kann und welche Bereiche man angehen muss, um eine Organisation nachhaltig zu agilisieren. Im Gegensatz zu bisherigen Ansätzen stützt sich das Modell nicht auf Praktiken aus einem bestimmten Verfahren, sondern legt den Fokus auf Unternehmens- und Managementkultur in Kernbereichen. Dadurch erlaubt es, agile Ideen auch außerhalb der Softwareentwicklung einzusetzen. Diese Vorteile werden durch den Nachteil einer großen Generalität erkauft. Dennoch stimmen erste Einsatzversuche beim Coaching agiler Transitionen sehr optimistisch.

Organisationen, die passend zu diesem Modell auf- bzw. umgebaut wurden, zeigten immer wieder eine gestiegene Kunden- und höhere Mitarbeiterzufriedenheit. Durch die schnellere und bessere Zusammenarbeit mit den Kunden wird die Organisation als flexibler und näher am Markt empfunden. Allerdings gehen diese Vorteile zulasten der Effizienz, was aber durch die weit höhere Effektivität wirtschaftlich mehr als ausgeglichen wird – zumindest soweit es sich nicht um repetitive Routinetätigkeiten handelt.

Das Modell ist (noch?) nicht wissenschaftlich validiert – wie die meisten Modelle zu Organisationen. Die an der Erstellung beteiligten Berater und Manager hatten allerdings Einblick in eine große Anzahl von Organisationen inklusive vieler Großkonzerne aus Europa und den USA. Es stellt also kondensiertes Beratungs-Know-how mit breiter Basis dar.

Ich möchte an dieser Stelle noch Ray Arell, Jørgen Hesselberg und Israel Gat für die exzellente Zusammenarbeit bei der gemeinsamen Entwicklung des Modells danken, Susanne Most für die hilfreichen Anmerkungen sowie Diana Larsen und der Agile Alliance dafür, diese Arbeit möglich gemacht zu haben.

Dieser Beitrag ist die überarbeitete Fassung eines Artikels für die Zeitschrift OBJEKTspektrum 5/2012. Die Verwendung erfolgt mit freundlicher Genehmigung der SIGS DATACOM GmbH.
Das beschriebene Modell ist im Rahmen des »Catalyzing Change in Complex Systems through Agile Adoption«-Workshops entstanden, der Teil des »Supporting Agile Adoption Programs« der Agile Alliance unter der Leitung von Jørgen Hesselberg ist (http://www.agilealliance.org/programs/supporting-agile-adoption-it-is-about-change/). Das Modell habe ich gemeinsam mit Ray Arell, Israel Gat und Jørgen Hesselberg entwickelt.

Literatur

[1] SUTHERLAND, JEFF: *Nokia Test – aka the Scrum Butt Test. Version vom 25.3.2009,*
http://jeffsutherland.com/nokiatest.pdf

[2] SCHWABER, KEN: *Scrum Buts and Modifying Scrum. http://www.Scrum.org/Scrumbut*

[3] AGILE ALLIANCE NON-PROFIT ORGANISATION: *Supporting Agile Adoption: It's About Change.*
http://www.agilealliance.org/programs/supporting-agile-adoption-it-is-about-change/

[4] ARELL, RAY; COLDEWEY, JENS; GAT, ISRAEL; HESSELBERG, JØRGEN: *Characteristics of Agile*
Organizations. Agile Alliance 2012, http://www.agilealliance.org//index.php/download_file/
view/217/221/

[5] COLDEWEY, JENS: *Pitfalls of Agile Development XVII – Agile Islands. Cutter E-Mail Advisor*
8.9.2011, http://www.cutter.com

[6] CHRYSLER COMPREHENSIVE COMPENSATION SYSTEM.
http://en.wikipedia.org/wiki/Chrysler_Comprehensive_Compensation_System

[7] HOLLAND, JOHN H.: *Emergence – From Chaos to Order. Redwood: Addison-Wesley, 1998*

[8] SENGE, PETER: *The Fifth Discipline – The Art & Practive of The Learning Organization.*
New York: Random House, 1993

[9] SNOWDEN, DAVID; BOONE, MARY: *A Leader's Framework for Decision Making. In: Harvard*
Business Review, November 2007, S. 69–76

[10] EOYANG, GLENDA; HOLLADAY, ROYCE: *Adaptive Action – Leveraging Uncertainty in Your*
Organisation. Redwood: Stanford Business Books, 2013

[11] JOINER, WILLIAM; JOSEPHS, STEPHEN: *Leadership Agility – Five Levels of Mastery for*
Anticipating and Initiating Change. New York: Jossey-Bass, 2006

[12] PFLÄGING, NIELS: *Beyond Budgeting, Better Budgeting: Ohne feste Budgets zielorientiert*
führen und erfolgreich steuern. Freiburg (Breisgau): Haufe, 2003

Zusammenfassung

Was ist eigentlich eine agile Organisation? Die meisten vorgeschlagenen Tests und »Reifegrad«-Modelle orientieren sich an konkreten Praktiken, was wenig hilfreich ist, weil Agilität eher ein Wertesystem und Führungsansatz ist als ein Prozess, der sich mithilfe von Praktiken erfassen ließe. Definitionen, die diesen Umstand berücksichtigen, sind allerdings zu generisch, um hilfreich zu sein.

In diesem Beitrag stelle ich ein alternatives Modell vor, das Ende 2012 von der Agile Alliance erarbeitet wurde. Ausgehend von den Erfahrungen mit einer Vielzahl unterschiedlicher Organisationen identifiziert das Modell sechs Führungsbereiche, in denen agile Unternehmen typischerweise anders geführt werden als traditionelle Organisationen. Wer Agilität in seinem Unternehmen einführen möchte, wird früher oder später nicht umhin kommen, sich mit diesen sechs Bereichen zu beschäftigen.

Das Scaled Agile Framework

Viele Unternehmen haben erste Erfahrungen mit agilen Teams gemacht. Sobald es mehr als drei oder vier Teams werden, ist es wichtig, die Teams koordiniert mit Aufträgen zu versorgen und die Abhängigkeiten zwischen den Teams zu managen. Eine Lösung sind die Good Practices des Scaled Agile Framework.

In diesem Beitrag erfahren Sie:
- welche wichtigsten Praktiken, Rollen und Artefakte das Scaled Agile Framework beinhaltet,
- welchen typischen Fragestellungen Sie bei einer agilen Transformation begegnen,
- wie Sie die Klippen einer agilen Transformation umschiffen können.

THORSTEN JANNING

Die Vorbereitungen

Methusalix hatte schon viele komplexe Projekte erfolgreich ins Ziel gebracht. Als gestern sein Entwicklungsleiter Asterix zu ihm gekommen war, hielt sich seine Überraschung deshalb auch in Grenzen. Sein letztes Projekt war inzwischen weitgehend im Regelbetrieb und brauchte seine Aufmerksamkeit nicht mehr wirklich.

»Möchten Sie die neue Onlineversicherungsakte übernehmen?«, fragte Asterix in seiner gewohnt direkten Art. So weit war das Gespräch ja noch business as usual. Aber dann kam doch noch eine Überraschung: »Wir möchten die Versicherungsakte als unser Pilotprojekt für den Einstieg in die agile Organisation nutzen. Gerade die Internetteams haben mit Scrum sehr große Fortschritte erzielt. Die Onlineakte wird nun Schnittstellen zu allen wichtigen Bestandssystemen haben und damit wollen wir die gesamte Organisation in die Agilität führen.«

155

Methusalix hatte ja schon von den Scrum-Teams gehört. Am Anfang hatten sich viele über sie die Mäuler zerrissen, weil sie keine Terminzusagen machen wollten und irgendwie anarchistisch auftraten. Und es holperte anfangs wirklich etwas, weil die Scrum-Teams mit den üblichen Pflichtenheften nicht so viel anfangen konnten oder wollten und deswegen ein Coach den sogenannten Product Owner in die Lage versetzt hatte, die Pflichtenhefte zunächst in User Stories zu übersetzen. Inzwischen gab es in dem Bereich gar keine langen Spezifikationen mehr. Und der Flurfunk bezüglich der Internetteams war mittlerweile nicht nur verstummt, sondern es hatte ein paar wirklich große Erfolge gegeben, Projekte im Direktversicherungsgeschäft extrem schnell und qualitativ hochwertig in Produktion zu nehmen.

»Ich denke darüber nach«, sagte Methusalix und sie verabredeten sich für kommenden Montag zum Mittagessen.

Erste Gespräche

Am Wochenende hatte Methusalix seinen alten Freund Griesgramix getroffen. Er war seit einigen Jahren als agiler Coach unterwegs und hatte ihm schon oft von seiner Arbeit erzählt. Aber irgendwie hatte Methusalix gedacht, dass für ihn selbst das wohl nie relevant werden würde. Da hatte er sich wohl getäuscht. Griesgramix erzählt ihm von Scrum und Kanban als Teampraktiken und kam dann auf die Skalierungsverfahren: »Das Scaled Agile Framework – oder abgekürzt: SAFe – wird in der Praxis viel verwendet, ist unter uns Beratern aber zumindest umstritten. Viele halten die Gefahr für groß, dass damit nicht auf eigenständige und damit nachhaltige agile Werte gesetzt, sondern Agilität quasi von der Stange verkauft wird, die letztendlich nur dazu führt, klassische Managementmechanismen unter einem agilen Deckmäntelchen zu verbergen.« Methusalix brummte der Kopf von den vielen Begriffen und Beratungsansätzen. Da hatte er noch eine Lernphase vor sich, das war klar.

Die Aufgabenstellung

Der Montagvormittag wollte irgendwie nicht vergehen. Methusalix gingen immer wieder Fetzen der Dinge durch den Kopf, mit denen er sich am Wochenende beschäftigt hatte. Was genau mochte Asterix vorhaben? Und welche Rolle sollte er dabei spielen? Softwareprojekte waren bislang seine Welt gewesen. Da fühlte er sich sicher. Was jetzt aber kommen sollte, hatte nicht nur mit Softwareentwicklung zu tun, sondern mit organisatorischer Veränderung. Und über solche weichen Themen hatte er bislang immer eher die Nase gerümpft.

Am Morgen hatte er mal bei einem der Internetteams reingeschaut. Alle Wände hingen voller Post-its. Das wirkte auf den ersten Blick ziemlich hemdsärmelig, wenn nicht gar chaotisch. Dann durfte er an einem Team-Meeting, dem Daily Scrum, teilnehmen. Das Team hatte gar keine Berührungsängste. Und sie arbeiteten hoch konzentriert an ihrer Wand mit den bunten Klebezetteln. Die Stimmung war gleichzeitig freundschaftlich entspannt und in der Sache ernst und konzentriert. Er hatte in seinen Projektteams selten eine so breite und ausgewogene und gleichzeitig kurze Diskussion erlebt wie in diesem Team. Und als sie mal nicht innerhalb kürzester Zeit zu einem Ergebnis kamen, verabredeten sich drei Leute für den Nachmittag, um den Punkt zu entscheiden. In seinen Projekten fielen in solchen Situationen die Blicke aller sofort auf ihn – mit der Erwartung, dass er eine Entscheidung treffen würde. Und oft fühlte er sich inhaltlich nicht besonders kompetent dazu.

Pünktlich um zwölf Uhr kam auch Asterix in das Lokal. Er strahlte Methusalix an und kam – wie immer – direkt zur Sache. »Die Gallicia AG ist gerade in schwierigem Fahrwasser. Große deutsche Versicherungsgesellschaften kaufen im Moment keine neuen Versicherungssysteme. Und die Märkte im Ausland sind hart umkämpft. Im Wettbewerb mit osteuropäischen Entwicklungshäusern sind wir oft zu teuer. Wir haben mittelfristig nur dann eine Chance, wenn wir innovativ, schnell und qualitativ an der Spitze sind. Aber davon sind wir zurzeit noch weit entfernt. Selbst in unseren Vorzeigeprojekten liefern wir meist mit großen Verzögerungen und zu vielen Fehlern aus. Deshalb

157

haben wir uns zu einem großen Veränderungsschritt entschlossen. Wir wollen uns an den erfolgreichsten Software Companies der Welt orientieren und deren Good Practices auf unsere Arbeit übertragen. Und was diesen Höchstleistern gemeinsam ist, ist eine agile Organisation. Wir haben im Vorstand lange und kontrovers diskutiert, ob das eigentlich in unsere eher traditionelle Unternehmenskultur passt. Schließlich haben wir aber einen Ansatz gefunden, wie wir uns schrittweise auf diesen Weg machen können.«

Und dann holte Asterix für ihn erstaunlich weit aus und erzählte, wie er in den letzten zwölf Monaten mit vielen Kollegen und Beratern mögliche Wege in die Agilität ausgelotet hatte. Methusalix war heilfroh, dass er am Wochenende mit seinem Freund einen kleinen Steilkurs zum Thema absolviert hatte, denn so konnte er zumindest teilweise den Ausführungen folgen, die ihm jetzt in Form von Namen und Ansätzen um die Ohren flogen.

Schließlich erzählte Asterix von seinem Treffen mit Dean Leffingwell, dem Hauptrepräsentanten des Scaled Agile Framework. »Ich erzählte ihm von unserer Situation und unserem Zweifel, ob die Agilität für uns überhaupt geeignet ist. Und dann hat er begonnen, von seinen eigenen Projekten zu erzählen. Auch das waren keine typischen modernen Internet Companies gewesen, sondern ganz normale Softwarehäuser. Er erzählte mir von den Transformationen dort und meine Zweifel wuchsen wieder. Dean berichtete von dem weltweiten Rollout von Agilität bei John Deere. Dort wurde im Headquarter ein Rollout geplant, in dem die zukünftige Organisation mit flacheren Hierarchien entworfen und dann ein Trainingsplan für die Ländergesellschaften von bis zu zwei Wochen aufgestellt wurde. Am Ende der Trainingsphase wurde dann die neue Organisation in Kraft gesetzt – und los ging die agile Entwicklung.«

Methusalix verstand nun, was Griesgramix mit »Agilität von der Stange« gemeint hatte, als er vom Scaled Agile Framework erzählt hatte. Ein solches Vorgehen würde bei der Gallicia AG niemals funktionieren. Der innere Widerstand gegen eine solche Revolution von oben würde jeden Erfolg im Keim ersticken, da war er sich sicher.

Asterix hatte wohl dieselbe Befürchtung gehabt. »Aber dann hat er mir von einigen europäischen und deutschen Referenzen erzählt. Hier sind Transformationsprojekte in der Regel als kontinuierlicher Verbesserungsprozess aufgesetzt worden. Man bildet den Gesamtprozess auf ein Kanban Board ab. Und die Verbesserung orientiert sich an den Prinzipien des Lean Product Development nach Don Reinertsen. Überall versucht man, den Prozess mit Blick auf die Wertschöpfung und die Durchflussoptimierung zu verbessern.«

»Aber das sind ja die bekannten Optimierungsprinzipien aus dem Lean Management!«, kam Methusalix nach fast einer halben Stunde zum ersten Mal zu Wort. Aber Asterix war nicht zu bremsen. »Genau! Und wir haben mit dem gallischen Berater Miraculix einen Workshop mit der ganzen Geschäftsführung gemacht. Er hat uns von seinen Transformationsprojekten bei Softwarehäusern und Entwicklungsbereichen großer Konzerne berichtet und das hat uns endgültig überzeugt, dass wir diesen Weg auch gehen können. Und ich möchte, dass Sie eine zentrale Rolle bei der Entwicklung unseres Pilotvorhabens spielen – ich glaube, die Rolle eines Release Train Engineers. Aber dazu unterhalten Sie sich am besten noch mal mit Miraculix selbst.«

Das agile Change-Team

Schon am Mittwoch trafen sich nicht nur Methusalix und Miraculix. Majestix, der Gründer und CEO der Gallicia AG, hatte auch Obelix, den zuständigen Produktmanager, mit zum Treffen eingeladen, weil auch er eine zentrale Rolle in dem Piloten spielen würde. Majestix eröffnete das Gespräch auch gewohnt kurz: »Wir wollen uns zu einer agilen Organisation entwickeln und wir wollen von den Good Practices des Scaled Agile Framework profitieren. Unser Pilot soll die neue Onlineversicherungsakte werden und Sie, Methusalix und Obelix, sollen mit unserem Berater Miraculix die Veränderung gestalten. Deswegen ist meine Erwartung, dass Sie drei in den nächsten Wochen einen Fahrplan für die Transformation und für unser erstes durchgängig agil entwickeltes Produkt entwickeln.« Er lächelte. Er wusste, dass er mit seiner klaren und fordernden Art oft verunsicherte. Aber hier hatte er

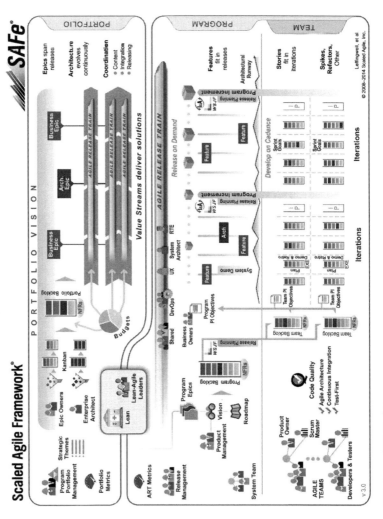

Abb. 1: *SAFe Big Picture*

wirklich gute Leute vor sich, das wusste er. Und er legte die Zukunft des Unternehmens jetzt in ihre Hände. Und er wusste, dass er nur diesen einen Versuch hatte. Also baute er einen hohen Erwartungsdruck auf, damit die drei auch richtig Fahrt aufnähmen. »Und jetzt lasse ich Sie mal allein. Miraculix, Sie sind mir für das Vorhaben verantwortlich. Ich bin immer für Sie alle ansprechbar. Ansonsten treffen wir uns alle zwei Wochen zum Statustreffen.« Und weg war er.

Miraculix ergriff das Wort. »Ich glaube, ich erkläre zunächst mal die Grundzüge des Scaled Agile Framework. Dann erzählen Sie mir mehr zum aktuellen Stand hier im Unternehmen aus Ihrer Sicht. Und dann gehen wir an unsere Arbeit. Ich freue mich wirklich drauf.«

Er hängte ein Poster mit dem SAFe Big Picture auf. »Sie haben ja sicher schon mal von SAFe gehört. Ich erkläre es aber jetzt noch einmal vollständig. Wir sollten auch alle offenen Fragen klären, denn es ist wichtig, dass wir dasselbe Verständnis haben und dieselbe Sprache sprechen, um keine unnötigen Irritationen bei der Mannschaft auszulösen.«

Er sah in die Gesichter seiner Zuhörer. Obelix lächelte ihn an. Bei Obelix wusste er, dass er inzwischen richtig darauf brannte, dass es nun endlich losgehen konnte. Der Produktmanager war gleichzeitig gelassen und konzentriert, wie er es schon so oft bei eingespielten agilen Teams erlebt hatte. Bei Methusalix sah er aber Zweifel. Es hatte in der letzten Zeit schon so viele Versuche gegeben, die Gallicia AG wieder auf die Erfolgsspur zu bringen. Und irgendwie hatte sich im Grunde genommen gar nichts verändert, außer dass inzwischen große Teile der Führungsmannschaft mindestens einmal ausgetauscht worden waren. Warum sollte es also diesmal anders laufen?

Miraculix kannte diese Zweifel aus seinen vergangenen Veränderungsprojekten nur zu gut. Und leider waren sie ja auch nicht unbegründet. Von den gescheiterten agilen Transformationen wurde ja nicht so gern berichtet, aber auch er hatte zu Beginn Lehrgeld zahlen müssen. Er erinnerte sich noch gut an das Projekt bei der Wilhelmina AG, wo sie zwar die Teams erfolgreich auf Scrum und Kanban umgestellt hatten, das Anforderungs- und das Release-Management aber genauso wenig wirklich nachhaltig in den Griff bekommen hatten wie das Qualitätsverständnis in den Teams. Und auch den Widerstand bei den Team- und Abteilungsleitern hatten sie damals unterschätzt und fast wäre die gesamte Transformation daran gescheitert.

Deswegen wusste Miraculix nun um die Bedeutung der heutigen Sitzung und der nächsten Wochen. Er begann, am SAFe-Poster die Grundlagen der Prozesse zu erklären.

»Unten sind die agilen Teams, hier sind es ja Scrum-Teams. Sie arbeiten in synchronen Sprints und liefern durchaus kontinuierlich Software aus, spätestens aber zum Ende des Releases.« Er zeigte auf die dicken gelben Pfeile, die die Softwarelieferungen symbolisierten. »Wir gehen davon aus, dass die Teams zumindest erste Erfahrungen mit Agilität gemacht haben, wenn wir mit SAFe arbeiten.«

Methusalix unterbrach ihn. »Aber hier haben nur die Internetteams agile Erfahrungen. Alle anderen Teams kennen Agilität so gut wie gar nicht.«

»Dann müssen wir in unserem Fahrplan berücksichtigen, dass wir die Teams zunächst mit Scrum vertraut machen, und zwar nicht nur theoretisch, sondern in ihrer praktischen Arbeit«, erwiderte Miraculix.

Nun kam er auf die Programmebene. »Der agile Release Train – oder kurz: ART – ist der zentrale Begriff in SAFe. In einem ART arbeiten zwischen 50 und maximal 125 Mitarbeiter, d. h. Entwickler, Tester, Architekten, Businessanalysten usw., in agilen, sogenannten cross-funktionalen Teams. In einem ART fassen wir die Teams zusammen, die inhaltlich und technisch die größten Schnittstellen miteinander haben und für das Unternehmen deshalb auch durch ihre gemeinsame Arbeit gemeinsamen Wert schaffen. Wir reden deshalb auch von einem Value Stream. Die Erfahrung zeigt, dass agile Teams zwar oft für sich oder in wenigen Teams – wie hier bei den Internetteams – sehr erfolgreich agil arbeiten. Wenn aber fünf oder gar zehn Teams eng zusammenarbeiten müssen, dann führen die Abhängigkeiten zwischen den Teams allzu oft dazu, dass die Sprintziele nicht erreicht werden. Die Kunden oder Fachbereiche sind enttäuscht, weil ja offensichtlich die ganze Agilität nichts gebracht hat und nur mehr Durcheinander entstanden ist als vorher.

Die Programmebene von SAFe hat deswegen neben der Aufgabe, die Teams dauerhaft und regelmäßig mit guten Anforderungen zu versorgen, vor allem das Ziel, Abhängigkeiten zwischen den Teams frühzeitig herauszuarbeiten und damit unnötige Verzögerungen zu vermeiden. Wir sollten aber kontinuierlich versuchen, mit jedem Release die Abhängigkeiten zwischen den Teams zu reduzieren, sowohl durch architektonische Vereinfachungen als auch durch eine Veränderung der Aufgabenzuschnitte der Teams.«

Und dann begann er, das Release Planning Meeting zu erklären: »Vor dem Start der Entwicklung eines Releases treffen sich die Teams, um die Entwicklungsaufträge, unsere Features, in ihrer Komplexität schätzen und auf die Sprints im Laufe der Release-Entwicklung verteilen zu können.«

Abb. 2:   *Release Planning Meeting*

Nun meldete sich auch Methusalix wieder zu Wort: »Ich kann mir nicht vorstellen, wie 100 Leute und mehr zielgerichtet und konzentriert in einem Meeting arbeiten sollen.«

»Sie werden sehen, dass wir im Release Planning viele der bekannten Scrum-Praktiken anwenden werden, nur mit der einen oder anderen kleinen Anpassung wegen der notwendigen Skalierung. Der erste Vormittag dient zum Beispiel dazu, dass alle Teammitglieder den gleichen und möglichst vollständigen fachlichen und technischen Hintergrund für ihre Arbeit haben. Das müssten sonst die Product

Owner Ihren Teams erklären. Das wäre aber weder ein Gewinn an
Zeit und Geld noch ein Gewinn in Bezug auf die Qualität der vermit-
telten Informationen.«

Dann fuhr er fort: »Am Nachmittag werden sich die Teams zurück-
ziehen und jeweils ihre Arbeit planen. Stündlich werden die Scrum
Master der Teams die identifizierten Abhängigkeiten zusammentragen
und kartieren. Am Ende des ersten Tages trifft sich dann das Management und nimmt die bisherigen Planungsergebnisse ab – hoffentlich.
Am zweiten Tag gibt es dann weitere Planungsiterationen, in denen
sich die Teams von Sprint zu Sprint weiterhangeln. Das Ergebnis ist
dann Mitte des zweiten Tages, dass möglichst alle Features des Program
Backlog Sprintzielen der einzelnen Teams zugeordnet sind und dass alle
Abhängigkeiten in der zentralen Abhängigkeitsmatrix kartiert wurden.«

Da die Zeit weit fortgeschritten war, beendete Miraculix die Sitzung. »Am kommenden Dienstag nehmen wir uns den Portfolioprozess am besten an Ihrem konkreten Projektportfolio vor. Das müssen
wir sowieso gleich zu Beginn in Angriff nehmen, wenn wir unser erstes

Planungsergebnisse

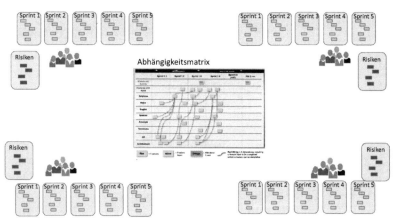

Abb. 3: *Ergebnisse des Release Planning*

Release Planning mit vernünftigen Aufträgen versorgen wollen. Und es bleibt nicht so theoretisch.«

Das agile Portfoliomanagement

Am kommenden Dienstag stand dann also das Portfoliomanagement auf dem Plan. Miraculix hatte Obelix gebeten, das aktuelle Portfolio zu Beginn der Sitzung kurz zu erklären. Er legte seine Excel-Tabelle auf, mit der er Übersicht über die vielfältigen Vorhabenplanungen der Gallicia AG behielt. Miraculix hörte interessiert zu. »Was ist denn mit Ihrem Portfolio passiert, als das SEPA-Projekt gestartet wurde?«, fragte er. Obelix überlegte kurz. »Hm. Eigentlich nichts Besonderes. Es war halt ein großes Projekt. Das bindet immer viele der verfügbaren Kapazitäten. Viele der ansonsten geplanten Vorhaben mussten zurückgestellt werden.« – »Und nach welchen Kriterien wurden die wenigen übrigen Vorhaben ausgewählt?«, hakte Miraculix nach. »Wir unterscheiden immer zwischen Muss-Vorhaben und Kann-Vorhaben. Und wenn so ein Brummer wie SEPA auf dem Programm steht, dann sind wir froh, wenn wir die Muss-Vorhaben durchkriegen. Welche schließlich realisiert werden, entscheidet die Geschäftsführung in der halbjährlichen Board-Sitzung.« Er nippte an seinem Kaffee. »Natürlich ist diese Sitzung ein großes Geschacher. Macht spielt eine Rolle, ausgleichende Gerechtigkeit über die Zeit.«

Miraculix malte eine Formel an das Flipchart. »Wollen wir mal versuchen, das aktuelle Portfolio nach den jeweiligen Wertbeiträgen der geplanten Vorhaben zu bewerten und zu sortieren? Don Reinertsen hat dazu eine spannende Kennzahl eingeführt: WSJF – Weighted Shortest Job First. Die Idee dabei ist, diejenigen Aufträge zuerst zu erledigen, die mit wenig Aufwand und nach möglichst kurzer Zeit den höchsten Wert liefern. Um das zu erreichen, hat sich eine Näherungsformel bewährt. Wir bestimmen für jedes Vorhaben drei Arten von Wertbeiträgen: Der Business Value ist noch die einfachste Übung, den kennen Sie ja aus Ihren Business-Case-Berechnungen. Dazu kommt der Time Value. Er beschreibt, wie viel höher der Business Value ist, wenn wir das Vorhaben früh liefern können. Und schließlich kommt noch der

Opportunity and Risk Value dazu. Der beschreibt, welchen Business Value wir in Zukunft nicht mehr liefern können, wenn wir eine technische oder fachliche Infrastruktur nicht rechtzeitig zur Verfügung stellen. Diese drei Werte addieren wir einfach und das Ganze teilen wir dann durch die Komplexität der Aufgabe – und daraus ergibt sich der WSJF-Wert. Je höher der Wert, desto höher das Ranking.

Wir würden in Zukunft versuchen wollen, größere Projekte wie SEPA als strategische Themen in den Portfolioprozess aufzunehmen, aber dann direkt in kleinere Teile zu zerlegen, für die wir getrennte Business-Case-Betrachtungen machen.« – Methusalix hakte ein: »Heißt das dann auch, dass wir Teile eines Projekts früher in Produktion nehmen andere?« – »Ja. Wenn wir und unsere Kunden dazu technisch und organisatorisch in der Lage sind, könnten wir sogar eine kontinuierliche Auslieferung erreichen, aber das ist Zukunftsmusik. So schaffen wir es aber auf jeden Fall, dass die Funktionalitäten mit dem größten Wert schnell in Betrieb genommen werden können. Zum einen vermeiden wir damit die Verstopfung in unserem Prozess und – was noch viel besser ist – aus dem produktiven System können die Versicherungen den Wert der noch ausstehenden Funktionalitäten viel besser beurteilen als aus der momentan üblichen allumfassenden, aber theoretischen Spezifikation. Und es wird automatisch gelingen, dass keine ›goldenen Türklinken‹ beauftragt werden, weil es immer etwas Wertvolleres zu tun geben wird – entweder im Projekt selbst oder außerhalb des Projekts.

Und genauso machen wir es bei der Onlineakte: Wir versuchen zuerst, die groben Funktionalitäten mit dem WSJF zu bewerten, und steigen dann in die notwendigen fachlichen und technischen Voruntersuchungen ein.« Obelix strahlte, als er das Bild vor sich sah, wie von Quartal zu Quartal Teile seines Mammutprojekts zur Entwicklung beauftragt und dann auch vierteljährlich bei den Versicherungen in Produktion gehen würden.

»Aber wie können wir die Wertbeiträge oder die Dringlichkeit richtig einschätzen?«, fragte Methusalix. »Für unsere Onlineakte müssen wir jetzt mal von dem Portfolio-Backlog ausgehen, das die Geschäftsführung mit dem Produktmanagement vorbereitet hat. Aber wir sollten diese Liste in den Kundengremien diskutieren und möglichst früh deren Input berücksichtigen.«

Damit gingen sie für diesen Tag auseinander. In den nächsten vier Wochen machten sie ihre Fahrpläne für die Scrum-Einführung bei allen Teams. Sie planten Trainings und teilten den Teams erfahrene Coaches zu. Die vier Monate, die sie dafür brauchten, nutzten sie gleichzeitig, um einen architekturellen Durchstich und eine User-Interface-Studie für die Onlineakte durchzuführen. Sie machten regelmäßige Informationsveranstaltungen für die gesamte Mannschaft und für die Führungscrew und allmählich machte sich Aufbruchstimmung im Haus breit.

Das Release Planning

Am Donnerstag und Freitag stand nun endlich das erste Release Planning bei der Gallicia AG an. Alle Teams versammelten sich am Donnerstagmorgen im Forum des Meetingbereichs im ersten Stock. Es war gar nicht so einfach gewesen, den gesamten Bereich für diese zwei Tage zu blockieren, aber die Räume waren wirklich ideal. Das große Forum im Zentrum des Bereichs wurde auch für die Mitarbeiterversammlungen genutzt. Von diesem Forum gingen insgesamt sechs Besprechungsräume ab, von denen Methusalix fünf für die beteiligten Teams vorgesehen hatte.

Pünktlich um 8.00 Uhr eröffnete Majestix wie geplant die Sitzung. Er erklärte die strategische Bedeutung der Onlineakte für die Gallicia AG. Als Nächstes sprach Obelix. Er stellte die Produktidee und die groben Funktionsblöcke der Onlineakte vor. »Im ersten Release werden wir ausschließlich an den wichtigsten Basisfunktionen arbeiten.« Im Anschluss stellte der Enterprise Architect die Grundzüge der Architektur der Webanwendung und ihrer Schnittstelle zu den Kernanwendungen vor.

Nun ergriff Methusalix das Wort. Er erklärte den Teams noch mal das Vorgehen für die Planungssitzung: »Jedes Team zieht sich jetzt mit den Features aus dem Program Backlog zurück, die seines Erachtens zu seinem Bereich gehören. Vor der Mittagspause sollten noch die wesentlichen Planungsparameter wie verfügbare Kapazitäten in den Teams für das Release geklärt werden. Unstimmigkeiten bezüglich der initialen Zuordnung von Features zu den Teams oder Ähnliches klären wir im Plenum vor der Mittagspause.«

Nach der Mittagspause gingen die Teams in ihre Breakout-Sitzungen. Sie begannen, die Features des ersten Sprints zu planen. Schnell kamen auch die ersten Abhängigkeiten zwischen den Teams auf die Tafel. Als sich nach ca. einer Stunde Planungsdiskussion in den Teams die Scrum Master der Teams trafen, kamen sie mit über zehn Schnittstellenthemen in die teamübergreifende Runde.

Jedes Team hatte die Abhängigkeiten von anderen Teams auf Post-its notiert und als notwendige Zulieferung bei seinen Sprintzielen festgehalten. Eine Kopie dieses Zettels wurde auf einem andersfarbigen Zettel als Feature-Input dem liefernden Team übergeben und zusätzlich auf dem Abhängigkeits-Board festgehalten. Das lieferungspflichtige Team bekam es mit hoher Priorität in seine Sprintziele, sodass sich die anderen Features allmählich nach hinten verschoben.

Um 17.00 Uhr waren vier Planungsiterationen geschafft. Methusalix versammelte noch einmal alle Beteiligten im Forum. »Das war schon ein hartes Stück Arbeit, nicht wahr?« Er lächelte. »Wir werden die Ergebnisse gleich noch mit den POs und dem Management durchgehen, um eventuell noch ein paar notwendige Entscheidungen für unsere morgige Arbeit zu bekommen. Aber Sie sind für heute erst mal fertig mit der Arbeit und wir treffen uns alle um 19.00 Uhr im Hof, wo wir einen kleinen Grillabend vorbereitet haben.«

»Das sieht doch schon ganz gut aus«, sprudelte Majestix zu Beginn des Management-Reviews heraus. Ihm war anzumerken, dass er große Hoffnungen mit dem Release Planning verband. Methusalix bremste ihn aber in seiner Euphorie. »Es sieht so aus, als könnten wir nicht alle Features, die wir im Portfolio-Board zur Entwicklung im nächsten Release freigegeben haben, schaffen. Wir haben im nächsten Release gar nicht die Kapazitäten, die wir vorausgesetzt haben, weil die Urlaubszeit stärker einschlägt, als wir angenommen haben.« – »Und was bedeutet das für unsere Planung?« Majestix' Euphorie drohte direkt wieder umzuschlagen. »Was haben wir jetzt durch das Ganze gewonnen?« Miraculix ergriff in dieser kritischen Situation die Initiative: »Wir können uns heute Abend überlegen, welche Funktionalitäten wir auf das nächste Release verschieben wollen. Wollen wir eher Framework-Infrastruktur zurückstellen oder echte Funktionalität? Heute können wir noch steuern. Wenn wir früher erst kurz vor der Einführung die Meldung bekamen, dass wir nicht rechtzeitig fertig werden, konnten wir eigentlich nur noch verschieben.« Majestix schaute auf die Planungs-Boards und grübelte. Er erinnerte sich an das Ziel der Emerging Architecture, das Automatix, der Enterprise Architect am Morgen als Leitlinie für die Architektur hingestellt hatte. Er schaute ihn fragend an. »Welche Framework-Features brauchen wir wirklich, um mit einer ersten Basisversion in den Markt gehen zu können?« Automatix zögerte. »Bezüglich der eigentlichen Framework-Funktionalität haben wir den Durchstich ja schon in der Vorstudie gemacht. Im Prinzip können wir auf alles andere erst mal verzichten. Im Security-Bereich können wir überlegen, ob wir im ersten Schritt auf die SSL-Verschlüsselung verzichten können. Den 24-Stunden-Betrieb haben wir sowieso schon nicht so hoch priorisiert. Aber die Dateisicherheit nach dem BDSG sollten wir schon zu Beginn gewährleisten.« Majestix' Miene erhellte sich wieder. »Wir sollten mit unserer Onlineakte früh produktiv gehen. Und bei der Funktionalität beschränken wir uns auf den Kfz-Vergleichsrechner inklusive Onlineantrag, Versicherungscheck und Finanzübersicht. Damit erreichen wir zum Stichtag die wechselbereiten Kfz-Versicherungskunden. Die sind am ehesten bereit, für Prämienersparnis das Internet zu nutzen. Und die versuchen wir zu überzeugen, mit dem Versicherungscheck und der Finanzübersicht auch ihre anderen Versicherungsverträge in die Onlineakte zu stellen.«

Obelix schaute auf das Program Backlog. Damit waren von den fachlichen Features ein Drittel für das Release gestorben. Aber Majestix hatte recht. Es war eine sehr vernünftige Realisierungseinheit. »Das ist so auf jeden Fall zu schaffen. Wir haben sogar ein wenig Puffer, sodass wir bestimmt noch das eine oder andere nachschieben könne, wenn es gut läuft«, ergänzte Methusalix. Nun richtete er seinen Blick auf Majestix. »Sie sollten das den Teams morgen früh auch genauso erklären.«

Es war ein warmer Sommerabend und so wurde das Abend-Event ein voller Erfolg. Es wurde viel gefachsimpelt und gelacht. Noch nach Mitternacht diskutierte Majestix mit einigen Entwicklern die strategischen Optionen, die die Gallicia AG mit der Onlineakte hatte, und nahm einige wertvolle Impulse mit, welche Technologieinnovationen in einem der nächsten IP-Sprints spannend auszuprobieren wären. Ein Softwarearchitekt aus dem CRM-Team nahm Miraculix beiseite und sagte: »Diese Planung ist doch genauso unrealistisch wie unsere bisherigen Planungen. Das reicht doch hinten und vorne nicht. Wir machen nur mehr Gruppen-Tamtam.« Miraculix lächelte ihn an. »Stimmt. Das passt noch nicht. Aber ich verspreche Ihnen, dass das Planungsergebnis am Ende so aussieht, dass auch Sie glauben, dass es gehen könnte.« Er prostete dem Architekten zu und der schüttelte nur den Kopf, als er sich wieder seinen Kollegen zuwandte.

Als die Teams am nächsten Morgen wieder im Forum zusammenkamen, war die Stimmung gelöst. Methusalix eröffnete formlos die Sitzung und übergab das Wort direkt an Majestix. »Wir haben ja gestern auf die bisherigen Planungsergebnisse geschaut«, begann Majestix. »Wir haben gesehen, dass wir nicht alles schaffen werden, was wir uns gewünscht hätten.« Damit hatten die Kollegen nicht gerechnet und es entstand eine plötzliche Spannung im Raum. Wollte Majestix ihnen die Planung von gestern nun um die Ohren hauen oder war nur eine übliche »Motivationsansprache« zu erwarten?

Und dann berichtete Majestix von den Beschlüssen des Management-Reviews. Ein Raunen ging durch die Reihen. »Das heißt ja, dass wir einen großen Teil der Planung von gestern wieder wegwerfen können«, protestierte eine Testerin aus dem Core-Team. »Besser als wenn wir in acht Wochen den Code wegwerfen müssen«, erwiderte einer der Entwickler aus dem ersten Internetteam. Und viele Kollegen nickten zustimmend.

Methusalix ergriff das Wort. »Das heißt also, dass wir die Konsequenzen aus der Zieländerung jetzt in der ersten Planungsiteration

berücksichtigen. Wir nehmen die Features raus, die nun nicht mehr unbedingt im Release kommen müssen, und schauen, wie viel Luft wir damit bekommen. Ab der zweiten Iteration sollten wir dann versuchen, die späteren Sprints in den Griff zu bekommen.«
Die Planungsiterationen am Morgen liefen dann reibungslos. Alle Teams schafften es, auch die späteren Sprints des Releases zu beplanen.

Nach dem Mittagessen besprach Miraculix mit den Teams noch die Risiken der Planung und wie mit ihnen umzugehen sei. Und dann erklärte er das Verfahren zum Confidence Vote. »Jeder kann mit ein bis fünf Fingern zeigen, ob er glaubt, dass die Planung realistisch ist. Fünf bedeutet: Auf jeden Fall ist das zu schaffen. Eins bedeutet: Never ever kriegen wir das hin. Wenn wir ein durchschnittliches Confidence Vote weit unter drei bekommen, werden wir klären, wo die Gründe für die schlechte Einschätzung liegen, und gegebenenfalls neu planen müssen. Also: Wie realistisch schätzen Sie die Planung ein?« 68 Hände gingen hoch. Miraculix hatte die Scrum Master gebeten, Teile des Raums auszuzählen, um ein exaktes und schnelles Ergebnis zu bekommen. Aber er sah schon, dass die meisten drei oder vier zeigten. Einige Fünfen, wenige Zweier. Er sah keine Einsen. Sein Blick blieb an dem Architekten hängen, mit dem er gestern Abend kurz über die Planung gesprochen hatte. Er zeigte eine Vier. Beide lachten sich an. »Wieder einer überzeugt«, dachte Miraculix bei sich.

Er verabschiedete die Teams in die Arbeit und freute sich auf einen entspannten Abend nach zwei anstrengenden Tagen. Nun standen 13 spannende Wochen bevor. Er würde wöchentlich die Scrum Master zusammenrufen, um die Risiken, den Fortgang und die kritischen Abhängigkeiten zu besprechen.

Release-Abschluss

Der Herbst war an der gallischen Atlantikküste rau – wie so oft. Das Feuer knisterte in der Gaststube »Zum wilden Schwein« und der Wirt grillte Wildschwein über dem Feuer. Majestix hatte die Teams seines ersten Release-Trains am Abend des ersten Tages des zweiten Release-Trains in das rustikale Restaurant am Rande der Stadt eingeladen, weil das erste Release der Onlineakte, das nach SAFe geplant und entwickelt worden war, ein großer Erfolg war.

Nicht alles war planmäßig verlaufen. Gerade die Teams mit wenig Scrum-Erfahrung hatten sich mit den notwendigen Aufwänden für ihre Aufgaben teilweise gründlich verschätzt. Deswegen waren auch nicht alle Features, die sie geplant hatten, zum Ende des Releases in Produktion gegangen.

Auf der anderen Seite waren die Kunden sehr überrascht, als vier Wochen nach dem Release Planning die erste Beratungsanwendung im Web produktiv werden konnte. Und sie sah schon ziemlich gut aus. Aus den Erfahrungen damit ergaben sich dann noch ein paar Verbesserungsvorschläge, sodass pünktlich zur heißen Phase der Kfz-Wechsel die erste Onlineakte schon mit mehreren Hundert Nutzern in Betrieb gehen konnte.

»Ich habe Anfang der Woche mit dem IT-Vorstand der Gallianz, also einem unserer wichtigsten Kunden, gesprochen. Und das war seit Langem das angenehmste Gespräch mit ihm«, erklärte Majestix in seiner Ansprache. »Ich musste mich nicht dafür entschuldigen, dass wir nicht alles geliefert haben. Er lobte die frühe Transparenz und die Tatsache, dass wir seinen Vertrieb frühzeitig einbezogen haben, um zu klären, was denn unter den geänderten Voraussetzungen ein gutes Feature-Set für das Release wäre. Und das haben wir dann geliefert, im Internetbereich sogar noch etwas mehr, weil wir zusätzlich noch das Feedback aus dem frühen Betrieb berücksichtigt haben.« Zufrieden erhob er sein Glas. »Dann wollen wir morgen mit dem Ergebnis des nächsten Planning mal in die nächste Runde starten! Ich bin überzeugt, dass wir mit den Praktiken des Scaled Agile Framework noch viel gute Software bauen werden. Auf die Zukunft der Gallicia AG!«

Zusammenfassung

Die erfolgreiche Einführung von Scrum für ein paar Entwicklungsteams macht schnell Appetit auf mehr, erst recht wenn ein Softwarehaus unter Druck steht, schneller und besser werden zu müssen. Genauso geht es der Gallicia AG mit ihrem CEO Majestix. Er entschließt sich, die Gallicia zu einer agilen Organisation umzubauen und dabei auf die Good Practices des Scaled Agile Framework zu vertrauen. Der Portfolioprozess wird in Kanban-Modus und mithilfe von geeigneten Kennzahlen so dynamisiert, dass die durchschnittliche Verweildauer eines Auftrags deutlich verkürzt wird, und die Teams organisieren ihre Arbeit in Agile Release Trains.

Nicht alles klappt sofort und sowohl Entwickler als auch Führungskräfte sind zum Teil sehr skeptisch. In typischen Szenarien einer agilen Transformation wird deutlich, dass es dabei sowohl um sauberes Prozesshandwerk als auch um einen kulturellen Wandel geht. Doch schon nach wenigen Monaten wird klar: Die Kundenzufriedenheit steigt.

Agil skalieren mit dem Agile Scaling Cycle

Agile Entwicklung, z. B. mit Scrum und Kanban, verbreitet sich zunehmend. Mitunter müssen Projekte schneller umgesetzt werden, als dies mit einem Team mit maximal neun Mitgliedern möglich ist. Es sind mehrere agile Teams notwendig. Man spricht davon, dass Agilität skaliert wird.

In diesem Beitrag erfahren Sie:
- dass Agilität einen Kulturwandel erfordert,
- dass der Agile Scaling Cycle die schrittweise Skalierung unterstützt,
- dass Teamautonomie essenziell ist, um Agilität zu skalieren.

STEFAN ROOCK

Das Agile Manifest

Scrum wurde in der Softwareentwicklung bereits Anfang der 1990er-Jahre verwendet. Die erste Publikation zu Scrum stammt aus dem Jahre 1995. Alistair Cockburn beschrieb 1998 Crystal Orange und Kent Beck veröffentlichte 1999 das erste Buch zu eXtreme Programming. 1999 publizierte Highsmith sein Buch zu adaptiver Softwareentwicklung (siehe [1, 2, 3, 4]).

Im Jahr 2001 brachten diese Autoren zusammen mit anderen Praktikern das *Agile Manifest* heraus (siehe [5]). Sie wollten damit die gemeinsame Basis ihrer verschiedenen Ansätze betonen und gegen die klassische sequenzielle Softwareentwicklung à la Wasserfall abgrenzen.

175

Das Agile Manifest beginnt mit vier Wertaussagen:
⇨ Individuen und Interaktionen sind wichtiger als Prozesse und Tools.
⇨ Laufende Software ist wichtiger als ausführliche Dokumentation.
⇨ Zusammenarbeit mit dem Kunden ist wichtiger als Vertragsver-
    handlungen.
⇨ Reagieren auf Veränderungen ist wichtiger als Planbefolgung.

Das bedeutet nicht, dass die Dinge auf der rechten Seite wertlos wären.
Die Autoren des Agilen Manifestes bevorzugen allerdings die Dinge
auf der linken Seite.

In klassischen Kontexten generieren die Dinge auf der rechten Seite
subjektiv wahrgenommene Sicherheit. Wer sich an die Prozesse hält und
die vorgeschriebenen Tools einsetzt, wer jede seiner Tätigkeiten haar-
klein dokumentiert, wer alle Eventualitäten in Verträgen berücksichtigt
und wer sich an den Plan hält, kann bei Problemen nachweisen, dass er
nicht schuld ist. Leider generieren wir so keinen Geschäftswert – und
genau dafür stehen die Dinge auf der linken Seite.

Dieser Gegensatz erklärt, warum die Einführung agiler Verfahren in
der Praxis oft so schwierig ist. Alle Beteiligten müssen ein Stück dieser
»Sicherheit durch Dokumentation« loslassen, um auf den Kunden und
den Geschäftswert fokussieren zu können.

Ergänzt werden die vier Wertaussagen des Agilen Manifestes durch
zwölf Prinzipien:
1. Unsere höchste Priorität ist es, den Kunden durch frühe und kontinuierliche Auslieferung wertvoller Software zufriedenzustellen.
2. Heiße Anforderungsänderungen selbst spät in der Entwicklung
   willkommen. Agile Prozesse nutzen Veränderungen zum Wettbewerbsvorteil des Kunden.
3. Liefere funktionierende Software regelmäßig innerhalb weniger
   Wochen oder Monate und bevorzuge dabei die kürzere Zeitspanne.
4. Fachexperten und Entwickler müssen während des Projektes täglich
   zusammenarbeiten.

5. Errichte Projekte rund um motivierte Individuen. Gib ihnen das Umfeld und die Unterstützung, die sie benötigen, und vertraue darauf, dass sie die Aufgabe erledigen.
6. Die effizienteste und effektivste Methode, Informationen an und innerhalb eines Entwicklungsteams zu übermitteln, ist das Gespräch von Angesicht zu Angesicht.
7. Funktionierende Software ist das wichtigste Fortschrittsmaß.
8. Agile Prozesse fördern nachhaltige Entwicklung. Die Auftraggeber, Entwickler und Benutzer sollten ein gleichmäßiges Tempo auf unbegrenzte Zeit halten können.
9. Ständiges Augenmerk auf technische Exzellenz und gutes Design fördert Agilität.
10. Einfachheit – die Kunst, die Menge nicht getaner Arbeit zu maximieren – ist essenziell.
11. Die besten Architekturen, Anforderungen und Entwürfe entstehen durch selbstorganisierte Teams.
12. In regelmäßigen Abständen reflektiert das Team, wie es effektiver werden kann, und passt sein Verhalten entsprechend an.

Mit dem Agilen Manifest läuteten die Autoren nicht nur einen Wandel der Mechanik der Softwareentwicklung ein (kurze Iterationen, die lauffähige Software erzeugen), sondern forderten auch grundsätzlich veränderte Verhaltensweisen bei den Beteiligten und damit einen Kulturwandel in den Unternehmen.

> Agilität bedeutet Kulturwandel.

Veränderte Verhaltensweisen

Folgerichtig stellen Unternehmen immer wieder fest, dass das bloße Kopieren agiler Mechaniken nicht den gewünschten Erfolg bringt: Techniken allein verändern Denk- und Verhaltensweisen nicht nachhaltig. Davon kann übrigens auch das produzierende Gewerbe ein Lied singen, das seit Jahrzehnten versucht, durch das Kopieren von Toyota-Praktiken ähnlich erfolgreich wie Toyota zu werden.

Sehen wir uns ein einfaches Modell zum menschlichen Verhalten an (Abbildung 1): Jeder hat ein Wertesystem im Kopf. So glauben z. B. viele Menschen: »Vertrauen ist gut, Kontrolle ist besser.« Dieses Wertesystem prägt unser Verhalten – also sagen wir: »Herr Müller, ich vertraue Ihnen diese Aufgabe an und möchte, dass Sie mir morgen früh Bericht über den Fortschritt erstatten.« Am nächsten Tag erfahren wir dann vielleicht, dass Herr Müller mit der ihm anvertrauten Aufgabe noch nicht einmal angefangen hat. Diese Erfahrung wirkt zurück auf unser Wertesystem (»Gut, dass ich kontrolliert habe.«). Auf diese Weise etablieren sich wiederkehrende Muster, die zu einem sich selbst verstärkenden Zyklus führen (»Nächstes Mal kontrolliere ich am besten halbtäglich.«).

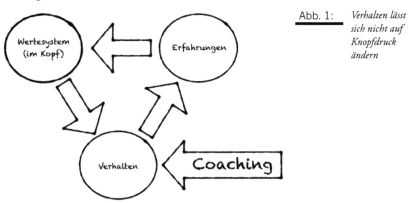

Abb. 1: *Verhalten lässt sich nicht auf Knopfdruck ändern*

Es ist sehr schwierig, solche Zyklen zu durchbrechen. So ist z. B. jedem, der ein paar Kilo abnehmen will, durchaus klar, was er dafür tun muss (weniger essen, Sport treiben) – und trotzdem gelingt es oft nicht: Wir sind in einem selbst erzeugten Teufelskreis gefangen.

Scrum fordert z. B., dass Iterationen (aka Sprints) gegen Interventionen von außen geschützt sind. Installiert man Sprints rein mechanisch, wird während der Sprints trotzdem interveniert (»Meine

Erfahrung sagt mir ja, dass es schiefgeht, wenn die Entwickler nicht engmaschig kontrolliert werden.«). Unser Ziel erreichen wir also besser durch Coaching, also dadurch, dass wir das Verhalten der Beteiligten beeinflussen und verändern. Dieses geänderte Verhalten führt zu neuen Erfahrungen, die das Wertesystem im Kopf ändern (Abbildung 2). Dank dieser Veränderung wird das gewünschte Verhalten schließlich automatisch erzeugt – ein Coaching ist nun nicht mehr notwendig. Scrum hat dafür die Scrum-Master-Rolle vorgesehen, die die Beteiligten in der effektiven Anwendung von Scrum coacht und z. B. Führungskräfte von unangemessenen Interventionen im Sprint abhält.

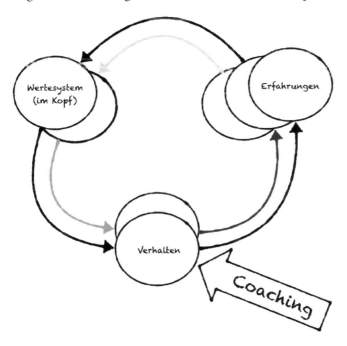

Abb. 2:   *Verhalten durch Coaching ändern*

Kulturwandel im Unternehmen

Die agile Skalierung muss mit einem oder mehreren agilen Teams beginnen, die *verlässlich nützliche Software* liefern. Solange diese Fähigkeit nicht vorhanden ist, würde eine Skalierung zu dem führen, was Jerry Weinberg als das erste Gesetz schlechten Managements charakterisiert: »Wenn etwas nicht funktioniert, mach' mehr davon.«

Einen Kulturwandel erreicht man nicht durch eine Anordnung. Wenn ein erfolgreiches agiles Team vorhanden ist, sollte die dort eingeübte agile Kultur gezielt verbreitet werden. Dabei kann man sich zunutze machen, dass die Unternehmenskultur im Wesentlichen durch das Verhalten der Führungskräfte und Mitarbeiter geprägt wird: Wie gehen die Mitarbeiter und Führungskräfte mit Fehlern um? Wofür wird Anerkennung gezollt? Wie ist der Umgangston? Welche gemeinsamen Rituale gibt es? Wie wird mit Konflikten umgegangen?

Zur Verbreitung der agilen Kultur sollte man also diejenigen, die die agile Denkweise bereits verinnerlicht haben, mit denen zusammenarbeiten lassen, bei denen das noch nicht der Fall ist. So wird die neue Kultur schrittweise im Unternehmen verbreitet – ausgehend von einer oder mehreren agilen Keimzellen (Abbildung 3).

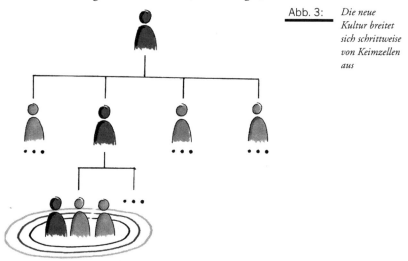

Abb. 3: *Die neue Kultur breitet sich schrittweise von Keimzellen aus*

Das organische Ausbreiten von Keimzellen aus kann man unterstützen, indem man das agile Pilotteam aufteilt und die entstandenen zwei oder drei Teams mit neuen Teammitgliedern auffüllt. Wenn diese neuen Teams erfolgreich agil gearbeitet und die neue Kultur verinnerlicht haben, werden sie nach dem gleichen Schema wieder aufgeteilt usw. (Abbildung 4). So wird die neue Arbeits- und Denkweise im persönlichen Kontakt der Teammitglieder transportiert. Dafür nehmen wir in Kauf, dass die Teams erhöhte Teambuilding-Aufwände haben – eine Rechnung, die in der Praxis meist gut aufgeht.

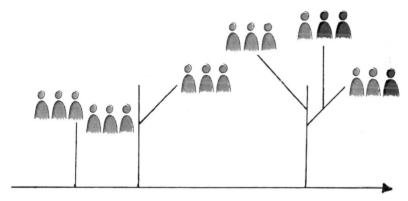

Abb. 4:   *Organische Ausbreitung von Verhaltensweisen und Erfahrungen*

Für die Verbreitung der agilen Kultur eignen sich außerdem regelmäßige *Open-Space-Veranstaltungen* (siehe [7]) und *Communities of Practice* (siehe [8]). Diese beiden Instrumente werden umso wichtiger, je stärker von der dargestellten organischen Ausbreitung durch Teamteilung abgewichen wird.

Die Herausforderung der agilen Skalierung liegt also nicht in den konkreten Praktiken für die Koordination mehrerer Teams, sondern in der Ausbreitung der agilen Kultur im Unternehmen.

Agil skalieren bedeutet, den Kulturwandel zu skalieren.

181

Der Agile Scaling Cycle

Neben der Kulturentwicklung müssen wir die operative Frage klären, wie die Teams in einem Großprojekt organisiert und koordiniert werden. Dabei darf die Agilität und Selbstorganisation, die auf Ebene eines Teams erreicht wurden, nicht klassischen hierarchischen Steuerungsmechanismen geopfert werden. Die Antwort kann auch nicht darin bestehen, eine vorgegebene Struktur zu kopieren: Schließlich liegt der agilen Entwicklung die Annahme zugrunde, dass sich die optimale Struktur schrittweise entwickeln muss, um den optimalen Nutzen zu erzielen. Unternehmen sind komplexe soziale Gebilde, die sich nicht wie eine Maschine mit einem detaillierten Vorabplan umbauen lassen.

Der *Agile Scaling Cycle* (Abbildung 5) stellt ein zyklisches Vorgehen mit drei Schritten dar, das es ermöglicht, die passende Skalierungsstruktur zu finden. Wir beginnen ein neues skaliertes Projekt damit, dass wir *Abhängigkeiten reduzieren*, soweit es möglich ist. Anschließend arbeiten wir im Projekt und *koordinieren die Teams* bzgl. der verbliebenen fachlichen und technischen Abhängigkeiten. Auf Basis der im Projekt gewonnenen Erkenntnisse *entwickeln wir die Organisation* weiter, sodass wir im nächsten Zyklus des *Agile Scaling Cycle* mehr Optionen zur Reduktion von Abhängigkeiten haben. Für die Weiterentwicklung

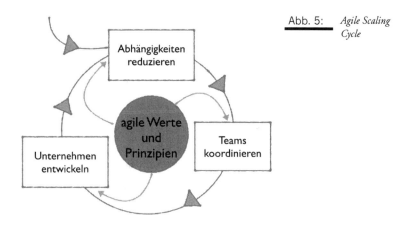

Abb. 5: *Agile Scaling Cycle*

der Organisation zeichnet ein Transitionsteam (Details siehe unten) verantwortlich.

Im Zentrum des *Agile Scaling Cycle* stehen die agilen Werte und Prinzipien, die wir bei jedem der drei Schritte als Kompass verwenden (siehe [9]).

Der *Agile Scaling Cycle* stellt eine Balance zwischen dem notwendigen pragmatischen Umgang mit der aktuellen Situation (Abhängigkeiten reduzieren und Teams koordinieren) und der Notwendigkeit, das Unternehmen kontinuierlich weiterzuentwickeln, her.

Sowohl für die Reduktion von Abhängigkeiten als auch für die Koordination der Teams stehen Dutzende von Praktiken zur Verfügung, aus denen man sich anfänglich bedienen kann. Je häufiger der *Agile Scaling Cycle* durchlaufen wird, desto mehr eigene Praktiken werden sich entwickeln, die die Wertschöpfung des Unternehmens immer besser unterstützen.

Ein Durchlauf durch den *Agile Scaling Cycle* kann beispielsweise so aussehen:

Abhängigkeiten reduzieren

Die Sprints der Teams laufen synchronisiert ab, sodass sie gleichzeitig beginnen und enden. Dadurch wird es einfacher, regelmäßig lauffähige Produktversionen zu liefern.

Wir wählen eine auf Verticals basierende Softwarearchitektur, die den Teams maximale Autonomie gewährleistet und dafür ein Stück weit Code- und Datenredundanz in Kauf nimmt. Die Teams selbst setzen wir cross-funktional zusammen und geben ihnen End-to-End-Verantwortung für die Entwicklung geschäftsrelevanter Funktionen. Allerdings erlaubt der Kontext im Moment vielleicht noch keine Integrationstests im Rahmen der Sprints, sodass im ersten Sprint mit einer suboptimalen *Definition of Done* gearbeitet werden muss.

Teams koordinieren

Für die fachliche Koordination der Teams definieren wir einen Product Owner für das Gesamtprodukt, der durch Priorisierung der Produkteigenschaften den Produktnutzen optimiert und das Product Backlog verantwortet. Die einzelnen Teams entwickeln Anforderungen aus dem Product Backlog.

Die Sprint-Planungen der einzelnen Teams finden gemeinsam statt, sodass die Teams selbstorganisiert technische Abhängigkeiten entdecken und geeignete Maßnahmen vereinbaren können. Dazu kann z. B. ein *Scrum of Scrums* während der Sprints gehören, in dem sich die Teams zu den Funktionen austauschen können, die sie gemeinsam entwickeln. Während der Arbeit im Sprint setzen die Teams kontinuierliche Integration *(Continuous Integration)* ein, um frühzeitig technische Inkonsistenzen aufzudecken.

Das Sprint-Review findet ebenfalls gemeinsam statt – schließlich ist das Ergebnis ein *gemeinsames Produktinkrement*. Im Review wird das gemeinsame Ergebnis gezeigt und darauf hingewiesen, dass dieses nicht lieferbar ist – schließlich fehlen die Integrationstests. Es wird sichtbar, dass hier ein relevantes Risiko liegt, weil niemand eine belastbare Abschätzung geben kann, wie viel Zeit der abschließende Integrationstest inkl. Fehlerbeseitigung benötigen wird. Also wird das Fehlen von Integrationstests als organisatorisches Hindernis vermerkt.

Organisation entwickeln

Die aufgeschobenen Integrationstests gehen als organisatorisches Hindernis an das *Transitionsteam*. Um das Hindernis zu beseitigen, verschafft sich das Transitionsteam zunächst Klarheit über das Problem, indem es mit verschiedenen Personen darüber spricht. Dabei wird klar, dass die Integrationstests in den Teams nicht möglich sind, weil Testsysteme der notwendigen Drittsysteme nur einmal im Unternehmen verfügbar sind und die verschiedenen Projekte sich in die Quere kämen, wenn alle Teams ständig auf die Testumgebung zugreifen würden. Die Test-Drittsysteme sind nur einmal vorhanden, weil die benötigte Hardware nur einmal existiert. Die Betriebsmitarbeiter haben keine Zeit, weitere Testsysteme zu betreuen.

Das Transitionsteam veranlasst daraufhin die Beschaffung zusätzlicher Hardware und setzt ein Ausbildungsprogramm auf, damit die

Teams ihre Test-Drittsysteme selbst installieren und betreiben können. Dazu arbeiten je ein Teammitglied und ein Betriebsmitarbeiter in Zweierteams *(Pairing)* zusammen. Die Zeit, die die Betriebsmitarbeiter für diese Arbeit aufwenden, geht zulasten des Services für den Rest des Unternehmens. Das Transitionsteam hilft dabei, diese Maßnahme trotzdem umzusetzen, und macht im Unternehmen deutlich, dass es sich um eine Investition handelt, die jetzt getätigt werden muss und sich in Zukunft auszahlen wird.

Mit Umsetzung dieser Maßnahme geht es in den nächsten Zyklus des *Agile Scaling Cycle*. Wichtige Abhängigkeiten zu beschränkter Hardware und der Betriebsabteilung konnten reduziert werden, sodass die *Definition of Done* um Integrationstests erweitert und die Planung für den Product Owner einfacher und verlässlicher wird.

Praktiken zur Reduktion von Abhängigkeiten

Die Praktiken zur Reduktion von Abhängigkeiten lassen sich entlang der zwei Dimensionen »Autonomie« und »Abhängigkeitsebene« differenzieren (Abbildung 6). So reduzieren synchronisierte Sprints auf Teamebene Abhängigkeiten, weil alle Teams gleichzeitig starten und enden. Die Teams brauchen keinen klassischen Projektplan, um zu planen, wer wann fertig sein wird. Im Gegensatz zu klassischer Planung bringen *synchronisierte Sprints* bereits einen relativ hohen Autonomiegrad. *Continuous Delivery* (kontinuierliche Auslieferung) könnte eine Alternative darstellen, weil jedes Team kontinuierlich Ergebnisse liefert und nicht mehr alle Teams auf denselben Endtermin hinarbeiten müssen. Dadurch wird sogar ein noch größerer Autonomiegrad der Teams erreicht.

Die mächtigste Praktik zur Reduktion von Abhängigkeiten ist allerdings die Arbeit mit cross-funktionalen Feature-Teams (X-Teams), die geschäftsrelevante Funktionen vollständig (End-to-End) autonom umsetzen. In der Praxis ist die Bildung von Feature-Teams für viele Unternehmen eine große Herausforderung und sie versuchen ihr Glück mit Front-end- und Back-end-Teams. Das führt leider zu sehr vielen Abhängigkeiten zwischen den Teams, die aufwendig koordiniert werden müssen und zu trägerer Reaktion führen. Daher lohnt es sich, viel Energie zu investieren, um Feature-Teams zu schaffen. Diese Investition zahlt sich schnell durch erheblich einfachere Koordination aus.

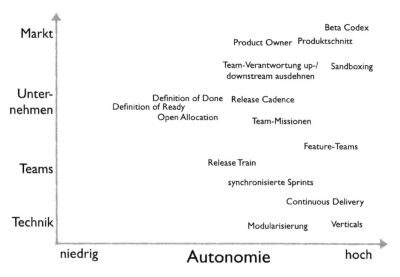

Abb. 6: *Beispielhafte Praktiken zur Reduktion von Abhängigkeiten*

Praktiken zur Koordination von Teams

Vollständige Autonomie der Teams lässt sich meistens nicht erreichen (und ist in vielen Kontexten auch nicht wünschenswert). Für die Koordination der verbliebenen Abhängigkeiten haben sich in den letzten 15 Jahren zahlreiche Praktiken herausgebildet, die sich entlang der zwei Dimensionen »Anzahl der Teams« und »zeitlicher Horizont« verorten lassen (Abbildung 7). Ein *Scrum of Scrums* funktioniert z. B. bis zu einer mittleren Anzahl von Teams und die damit einhergehende Koordination erstreckt sich i. d. R. auf ein bis zwei Tage. *Portfolio-Kanban* (siehe [10]) adressiert hingegen einen Planungszeitraum von Monaten und funktioniert auch noch für eine größere Anzahl von Teams.

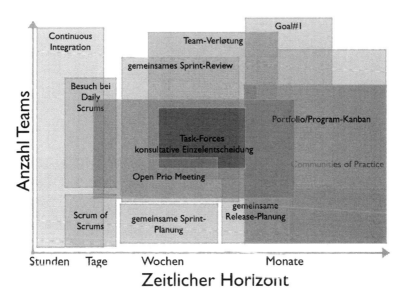

Abb. 7:   *Beispielhafte Praktiken zur Koordination von Teams*

Der erste Schritt im *Agile Scaling Cycle* fokussiert darauf, Abhängigkeiten zwischen den Teams zu minimieren. Je erfolgreicher wir damit
sind, desto weniger Praktiken zur Koordination benötigen wir. Als
Erfolgsmaß könnte man zählen, wie viele Koordinationspraktiken man
nicht (mehr) benötigt.

Die Organisation entwickeln

Die Skalierung von Agilität ist selbst ein komplexes Vorhaben, das vor-
ab nicht detailliert durchgeplant werden kann. Daher muss die Skalierung mit einem iterativ-inkrementellen Verfahren wie Scrum erfolgen.

Die Skalierung sollte von einem Transitionsteam begleitet werden
(Abbildung 8), das als »Produkt« agile Teams in einer agilen Organi-
sation erzeugt. Ein wichtiger Treiber für das Transitionsteam sind die
Erkenntnisse (z. B. organisatorische Hindernisse) aus den Teams. Mit

jeder Transitionsiteration ändert das Transitionsteam das Unternehmen so, dass mehr Teams effektiver agil arbeiten können.

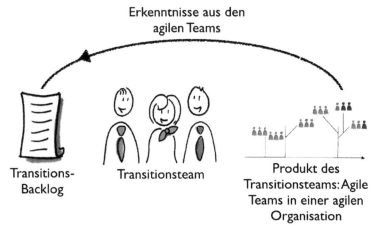

Erkenntnisse aus den agilen Teams

Transitions-Backlog

Transitionsteam

Produkt des Transitionsteams: Agile Teams in einer agilen Organisation

Abb. 8:   *Agilität mit agilen Verfahren einführen/ausbreiten*

Das Transitionsteam muss ausreichend hochrangig besetzt sein, damit notwendige organisatorische Änderungen schnell herbeigeführt werden können. Das gilt im Besonderen für die Product-Owner-Rolle des Transitionsteams, die z. B. vom Geschäftsführer übernommen wird. Außerdem zahlt sich externe Verstärkung für das Transitionsteam schnell aus. Ein externer Coach, der mehrjährige Praxiserfahrung mit agiler Entwicklung sowie Erfahrung mit agilen Transitionen hat, wirkt Betriebsblindheit effektiv entgegen. Dieser Coach wird häufig als Scrum Master in das Transitionsteam integriert.

Organisation von Product Ownership
Die Art und Weise, wie Product Ownership organisiert wird, hat weitreichenden Einfluss auf die Skalierung. Für die konkrete Koordination der Teams ist zunächst die fachliche Koordination bzgl. der zu entwickelnden Features zu klären. In der Praxis trifft man immer wieder auf Product-Owner-Hierarchien: Jedes Team hat seinen Product

Owner. Diese bilden zusammen mit dem *Chief Product Owner* das *Product-Owner-Team* (Abbildung 9). Es gibt ein übergreifendes Product Backlog, das der Chief Product Owner priorisiert und aus dem er zusammen mit den Product Ownern der Teams Anforderungen für die jeweils kommenden Sprints heraussucht und an die Teams verteilt.

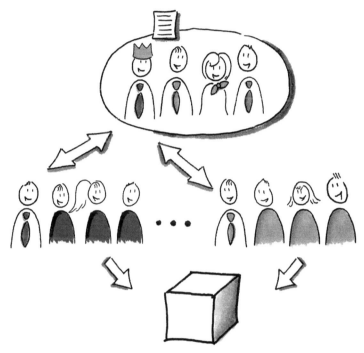

Abb. 9:   *Product-Owner-Hierarchie mit Chief Product Owner*

Allerdings unterminiert dieses Modell in vielen Kontexten die wichtigste Forderung von Scrum an den Product Owner: Der Product Owner soll den Produktnutzen durch *Priorisierung* von Features optimieren. Die Priorisierung erfolgt aber jetzt durch den Chief Product Owner und nicht durch die Product Owner.

Ehrlicher und klarer wäre es, den Chief Product Owner schlicht *Product Owner* zu nennen und die Product Owner der Teams vielleicht

Feature Owner. Schließlich haben sie genau diese Aufgabe: die Details der Features zu bestimmen. Und jetzt kann man auch gleich den nächsten Schritt gehen: Wir integrieren die Feature Owner als Teammitglieder in die Teams und überlassen es den Teams, ob sie einen Feature Owner bestimmen, der die Details der Anforderungen festlegt, oder ob sie diese Aufgabe als Team übernehmen wollen (schließlich gibt es in Scrum gar keine Feature-Owner-Rolle).

Damit sind wir wieder beim einfach Scrum-Ausgangsmodell: Product Owner und Teams ohne zusätzliche Hierarchie (Abbildung 10).

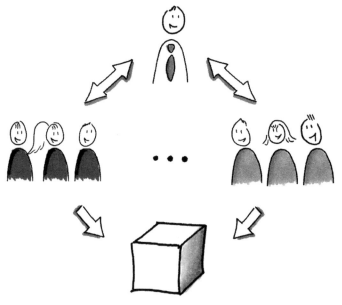

Abb. 10: *Ein Product Owner*

Damit ist ein Product Owner für mehrere Teams zuständig und wird sicherlich überlastet, wenn er für alle Teams die Anforderungen detailliert aufschreibt. Das ist nach Scrum aber auch gar nicht notwendig. Wir haben die Feature Owner bereits ins Team integriert und so verfügen die Teams über die Fähigkeit, vom Product Owner priorisierte grobe Features zu detaillieren.

Autonome Teams

Eine solche Organisation von Product Ownership setzt voraus, dass man cross-funktionale autonome Teams bildet, die geschäftsrelevante Probleme vollständig (End-to-End) lösen. Die Abhängigkeiten zu anderen Teams müssen – soweit möglich – minimiert werden. Während in vielen Unternehmen agile Pilotprojekte diesem Ideal durchaus nahekommen, tun sich dieselben Unternehmen sehr schwer damit, wenn mehrere Teams zusammenarbeiten müssen. Dann werden wieder monofunktionale Teams je Spezialisierung gebildet (z. B. Design, Front-end, Back-end), die maximal voneinander abhängig sind. In der Folge dreht sich dann alles um die Frage, wie man diesen Schlamassel koordinieren kann.

Dabei liegt die Lösung nicht in mächtigen Koordinationspraktiken, sondern darin, besagten Schlamassel zu vermeiden. Die Teamzusammensetzungen sind so anzupassen, dass cross-funktionale autonome Teams entstehen.

Fachlich modularisierte Architektur

Während zur Reduktion fachlicher Abhängigkeiten eine geeignete Form von Product Ownership gepaart mit autonomen Teams gut geeignet ist, spielt auf der technischen Ebene die Softwarearchitektur eine große Rolle. Hat das System eine modulare Architektur, die sich an der anwendungsfachlichen Domäne orientiert, sind die Teams auch auf technischer Ebene nur minimal voneinander abhängig.

Literatur

[1]   SCHWABER, KEN: *Scrum Development Process. OOPSLA, 1995*

[2]   COCKBURN, ALISTAIR: *Surviving Object-Oriented Projects: A Manager's Guide. Reading: Addison-Wesley, 1998*

[3]   BECK, KENT: *Extreme Programming Explained. Amsterdam: Addison-Wesley Longman, 1999*

[4]   HIGHSMITH, JAMES: *Adaptive Software Development: A Collaborative Approach to Managing Complex Systems. New York: Dorset House, 1999*

[5]   *http://agilemanifesto.org, 2001*

[6]   WEINBERG, GERALD: *The Secrets of Consulting: Giving and Getting Advice Successfully. New York: Dorset House, 1986*

[7]   OWEN, HARRISON; ZUR BONSEN, MATTHIAS; KLOSTERMANN, MAREN; BURKHARDT, SABINE: *Open Space Technology: Ein Leitfaden für die Praxis. 2. Auflage, Stuttgart: Schäffer-Poeschel, 2011*

[8]   LAVE, J.; WENGER, E.: *Situated Learning: Legitimate Peripheral Participation. Cambridge: Cambridge University Press, 1991*

[9]   *http://scaledprinciples.org, 2014*

[10] ANDREZAK, MARKUS; ROOCK, STEFAN: *Enterprise wide Kanban at mobile.de. Lean Agile Scrum Zürich, 2010*

Zusammenfassung

Agilität bedeutet Kulturwandel. Agilität zu skalieren bedeutet, den Kulturwandel zu skalieren. Das funktioniert am effektivsten schrittweise über organisches Wachstum. In einem iterativen Prozess der Inspektion und Adaption muss jedes Großprojekt bzw. Unternehmen die Prozesse und Strukturen finden, die die Geschäftsziele optimal unterstützen.

Eine hierarchische Steuerungsstruktur ist träge und widerspricht den agilen Prinzipien. Selbstorganisation funktioniert auch über Teamgrenzen hinweg, wenn sie durch angemessene Führung *(Servant Leadership)* begleitet wird.

Der *Agile Scaling Cycle* hilft dabei, die passende Struktur zu finden und dabei den agilen Werten und Prinzipien treu zu bleiben. Autonome Teams, die geschäftsrelevante Probleme lösen, sind essenziell – auch in skalierten Kontexten.

Kanban: zum Skalieren geboren

Manche halten Kanban fälschlicherweise für eine Methode zur Verbesserung von Team-Performance. Die zentrale Frage bei Kanban lautet jedoch: Wie generieren wir Wert beim Kunden? Dies geschieht – gut skalierbar – durch die Optimierung der Wertschöpfungskette des Unternehmens.

In diesem Beitrag erfahren Sie:
- wie Kanban skalierbar ist,
- warum die Wertgenerierung und nicht die Orientierung an Teams wichtig ist sowie
- wie Kanban die Wertgenerierung sichtbar macht – die Probleme lösen müssen aber die beteiligten Menschen.

KLAUS LEOPOLD

Was Kanban nicht ist – und was es ist

Wenn mich Unternehmen kontaktieren, höre ich zuallererst meistens diesen einen Satz: »Wir wollen Kanban einführen, um die Performance unserer Teams zu verbessern.« Um ehrlich zu sein, bin ich oft ein wenig verwirrt und verwundert. Warum hat alle Welt beschlossen, die Teamperformance zu verbessern? Nach einiger Zeit habe ich begriffen: Hier liegt ein großes Missverständnis vor. Viele halten Kanban für einen teamzentrierten Ansatz, wie sie es von einigen agilen Methoden kennen. Aber genau das ist es nicht. Kanban ist keine agile Methode, es ist schon gar keine agile Softwareentwicklungsmethode – und: Kanban hat keinen Teamfokus.

Vier Prinzipien und sechs Praktiken bilden den Kern von Kanban. Weder die Prinzipien noch die Praktiken beziehen sich in irgendeiner Form ausschließlich auf Teams. Natürlich kann Kanban ganz hervorragend auch und ausschließlich auf Teamebene eingesetzt werden – aber das war nie die Intention. Wenn man so will, trägt Kanban einen inhärenten Skalierungsgedanken in sich. Es ist ein flussbasiertes System, das in erster Linie offenlegen will, wie beim Kunden Wert generiert wird. Ziel ist es, die Wertgenerierung eines Unternehmens zu optimieren.

Die vier Prinzipien von Kanban

1. Starte mit dem, was du jetzt machst.
2. Verfolge evolutionäre Veränderung.
3. Respektiere initiale Prozesse, Rollen, Verantwortlichkeiten und Jobtitel.
4. Fördere Leadership auf allen Ebenen in der Organisation.

Die sechs Praktiken von Kanban

1. Mache Arbeit sichtbar.
2. Limitiere den Work in Progress (WiP).
3. Manage Flow.
4. Mache Prozessregeln explizit.
5. Implementiere Feedbackmechanismen.
6. Führe gemeinschaftliche Verbesserungen durch – basierend auf Modellen und Methoden.

Der Wertstrom im Fokus

Die prinzipielle Aufgabe eines Unternehmens ist es, erfolgreich zu sein. Erfolgreich ist es dann, wenn es seinen Kunden einen unverwechselbaren Vorteil bieten kann, wenn es »fit for purpose« ist. Eine erfolgreiche Organisation ist daher immer eine lernende Organisation, die wachsen will, indem sie sich verbessert. Im Mittelpunkt muss also die Optimierung der gesamten Wertschöpfung stehen – und diese Kette besteht in den seltensten Fällen aus nur einem Team. Es gibt Querverbindungen und Abhängigkeiten. Es bringt keinerlei Nutzen, lediglich ein Glied der Kette zu optimieren, wenn ein Unternehmen in seiner Gesamtheit wettbewerbsfähiger werden soll. Nehmen wir an, ein Kunde wünscht sich einen Liebesbrief. Nehmen wir dazu weiter an, dass jedes Team unseres Unternehmens für eine Reihe der Tastatur zuständig ist (siehe Abb. 1).

Jedes Team kennt sich in seiner Reihe hervorragend aus, aber Raum für Verbesserung ist immer. Nun kann sich zum Beispiel Team 3 so lange optimieren, bis es einen neuen Weltrekord beim Anschlagen des A aufstellt. Wunderbar, aber ist es das, was die Qualität eines Liebesbriefs ausmacht? Wenn beim Lesen das Herz des Kunden klopft, dann ist der Brief gelungen. Ob der wunderbare Brief mit dem schnellsten A der Welt geschrieben wurde, ist vielleicht interessant, aber nicht relevant für den Kunden. Er will Erfolg in der Liebe haben. Und dafür müssen die einzelnen Teams optimal zusammenarbeiten.

Der Fokus von Kanban ist also die gesamte Organisation. Sie ist es, die sich in evolutionären Schritten auf ihre Kunden ausrichten soll: Was muss getan werden, um beim und für den Kunden den optimalen Wert zu generieren? Kanban soll eine Kultur der kontinuierlichen Verbesserung schaffen – das kann es aber nur, wenn alle in einer Organisation auch ihr Denken darauf ausrichten. Vergessen wir also den Begriff »Team«. Ein wertschöpfungsorientiertes Unternehmen kann intern nicht in Teams denken – es muss in Wertströmen denken.

....

Eine mögliche Definition von Kanban

Kanban ist ein Vergrößerungsglas, das uns zu sehen hilft, welche Arbeitszu-
sammenhänge in einer Organisation bestehen und was im Sinne der Wertgenerierung für den Kunden verändert werden muss. Der Fokus liegt dabei auf der
Optimierung der Arbeit im Verlauf des Wertstroms und nicht auf der Optimierung der Arbeitenden! Manage work – not workers.

....

Skalierung von Kanban

Flight Levels

Da wir nun also die Mär von Kanban als rein teamfokussierte Methode hinter uns gelassen haben, bleibt die Erkenntnis: Kanban kann auf
allen Ebenen einer Organisation eingesetzt werden. Aus der Not des
Team-Missverständnisses habe ich das Modell der Kanban Flight Levels (siehe Kasten unten) entwickelt [1]. Dabei handelt es sich eigentlich um ein Kommunikationsinstrument: Bei den ersten Gesprächen
mit Kunden hilft es mir zu klären, wo wir in der Organisation mit der
Kanban Change-Initiative am besten ansetzen und wo die Entwicklung hingehen kann bzw. soll. Die Flight Levels zeigen also auch, welche Skalierungsstufen Kanban in einem Unternehmen erreichen *kann*.

....

Die Flight Levels im Überblick

Flight Level 1 – Organisationseinheit mit unreguliertem Input
Flight Level 2 – Organisationseinheit mit koordiniertem Input
Flight Level 3 – Optimierung des Wertstroms
Flight Level 4 – Optimierung des Portfolios

....

Wichtig ist aber zu verstehen, dass die Kanban Flight Levels keine
Skalierungsschablone sind. Auch wenn es Flight Level 1, 2, 3 und 4
gibt, bedeutet das nicht, dass es sich um aufeinander aufbauende Ebenen handelt. Die Flight Levels bilden keinen Entwicklungspfad ab,
den eine Organisation zwangsläufig gehen muss. Sie sind auch kein
Assessment-Tool für »gutes« oder »schlechtes« Kanban. In den meisten

Unternehmen existieren sogar mehrere Flight Levels gleichzeitig. Die vier Flight Levels sind einfach ein Kommunikationsinstrument, um die Einsatzmöglichkeiten von Kanban deutlich zu machen und herauszufinden, wo der sinnvolle Startpunkt für eine Organisation liegt und wie sie sich weiterentwickeln will. Auf jedem Flight Level können andere Probleme der Organisation bearbeitet werden und auf jedem Level begegnen uns spezifische Herausforderungen – also sehen wir uns an, welche das sind.

Flight Level 1 – Organisationseinheit mit unreguliertem Input

Auf der ersten Ebene wird Kanban in einer kleinen Organisationseinheit eingesetzt, zum Beispiel in einem Team oder in einer Abteilung. Meistens sind die involvierten Personen hoch spezialisierte Experten – vor allem in Hightech-Umgebungen begegne ich solchen Teams häufig. Diese Spezialisten arbeiten ausschließlich an Teilbereichen eines riesigen Gesamtsystems, zum Beispiel an den Injection-Systemen eines Autos oder am Wetterradar für Flugzeuge. Eine andere typische Erscheinungsform von Organisationseinheiten auf Kanban Flight Level 1 sind crossfunktionale Teams: Designer, Entwickler und Tester arbeiten gemeinsam an einem kleineren Produkt oder Subsystem eines größeren Systems.

Charakteristisch ist für Flight Level 1, dass der *Input* an diese Organisationseinheit *nicht koordiniert* wird. Es gibt also keine »Queue Replenishment Meetings«, in denen die Stakeholder ihre Aufgaben priorisieren. Meistens gibt es dafür einen guten Grund: Durch die hohe Spezialisierung gibt es unzählige Stakeholder, die den Service dieser Organisations- oder besser gesagt »Spezialeinheiten« brauchen. Mir sind Fälle begegnet, in denen eine neunköpfige Abteilung mehr als 100 Projekte bedienen musste. 100 Projektverantwortliche in einem Queue Replenishment Meeting zu koordinieren sowie sie entscheiden zu lassen, welche Aufgaben die Abteilung als Nächstes bearbeiten soll – das ist reine Sciencefiction. In der Praxis bedeutet das aber auch, dass solche Organisationseinheiten mit einer Menge gleich priorisierter Aufgaben überladen werden. Kanban leidet auf Flight Level 1 also oft

an Unmengen von Expressarbeiten, verursacht durch ständige Reprio-
risierung.

Zweifellos verbessert Kanban auf Flight Level 1 die *Effizienz der Organisationseinheit.* Der Start ist einfach und zumindest in der Einheit
selbst macht Kanban mit Techniken wie der Visualisierung und den
WiP-Limits deutlich, was verbessert werden muss: Blockaden werden
sichtbar und somit auch beseitigt, die Zusammenarbeit wird wesentlich verbessert, die Durchlaufzeiten sinken aufgrund der WIP-Limits,
die Optimierung fokussiert auf Wertgenerierung, nicht auf Mikromanagement von Mitarbeitern und vieles mehr. Nach außen stößt die Organisationseinheit aber an die Grenzen, denn der Schwachpunkt ist die
fehlende Inputkoordination seitens der Stakeholder. Daher arbeiten die
Mitarbeiter effizienter an den – im Gesamtbild betrachtet – falschen
Dingen. Auf der Strecke bleibt damit die Effizienz der gesamten Wertschöpfungskette, die sich auf diese Weise nicht verbessern kann.

Flight Level 2 – Organisationseinheit mit koordiniertem Input

Auf Flight Level 2 haben wir es mit den gleichen Organisationseinheiten wie auf Flight Level 1 zu tun. Aber es gibt einen entscheidenden
Unterschied: Der Input wird koordiniert. Typisches Beispiel dafür
ist eine Organisationseinheit, die ihre Aufgaben durch die Entscheidungen in einem Queue Replenishment Meeting zugeteilt bekommt.
Der große Vorteil: Diese Meetings haben einen enormen Lerneffekt
über die Grenzen eines Teams hinaus. Die Teilnehmer lernen, dass ein
Team oder eine Organisationseinheit keine Black Box ist, in die Stakeholder nach Belieben Arbeit hineinkippen können, und auf der anderen Seite kommt das Gewünschte heraus. Nein, die Beteiligten lernen,
dass es einen *Bedarf* auf der einen Seite gibt sowie zeitliche und kapa-
zitätsmäßige *Möglichkeiten* auf der anderen Seite. Ein koordinierter Input bedeutet, Bedarf und Möglichkeiten im Gleichgewicht zu halten,
indem die Stakeholder ihre Wünsche im Dialog in eine Reihenfolge
bringen. Auf Flight Level 2 wird zum ersten Mal deutlich, dass bei der
Einführung von Kanban auch ein begleitendes Change-Management

nötig ist, denn die Stakeholder müssen sich an diese Form der Zusammenarbeit meistens erst gewöhnen.

Durch das koordinierte Vorgehen wird auf Flight Level 2 seltener repriorisiert, weil die Organisationseinheit das Pull-Prinzip anwenden kann und durch die Koordination im Vorfeld plötzlich die *richtigen* Dinge effizienter gemacht werden – »die richtigen Dinge« vom Standpunkt der Stakeholder aus betrachtet. Kurz gesagt sind Teams oder Abteilungen auf den beiden ersten Flight Levels das Ziel von Verbesserungen. Aber sie sind noch immer nur ein Ausschnitt des gesamten Wertstroms eines Unternehmens, wie Abbildung 2 veranschaulicht. Wir haben es nach wie vor mit lokalen Optimierungen zu tun.

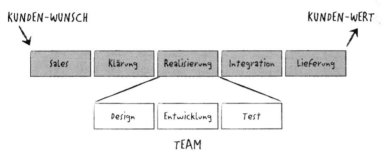

Abb. 2: *Flight Level 2 – lokale Optimierung*

Die Abbildung zeigt einen hypothetischen Wertstrom, den ich im Projektgeschäft in verschiedenen Variationen gesehen habe. Design, Entwicklung und Test sind nur ein Teil des gesamten Wertstroms. In den meisten Fällen hat es für den Kunden keinen Wert, wenn er nur getesteten Code geliefert bekommt. Der Wert entsteht erst, wenn der Code in ein größeres (Live-)System integriert wird, das den Betrieb aufnimmt. Andererseits fallen selten Kunden mit einer kristallklaren Spezifikation ihrer Wünsche vom Himmel, mit der man die Ideen sofort umsetzen kann. Ganz im Gegenteil: In der Regel bedeutet es eine Menge Arbeit, bevor man mit der eigentlichen Entwicklungsarbeit beginnen kann. Es müssen Leads generiert werden, ein Projektteam muss aufgesetzt werden, das Team muss verstehen, was der Kunde will, Verträge müssen geschlossen werden etc. Sobald man den Blick auf ein anderes Metier wirft, kann der Wertstrom ganz anders aussehen, etwa in der Produktwartung oder in IT-Ops. Trotzdem steht dieselbe Idee dahinter: Einen Wert für den Kunden zu schaffen ist wichtiger als ein hyperproduktives Team! Genau hier setzt Flight Level 3 an.

Flight Level 3 – Optimierung des Wertstroms

Auf Flight Level 3 versteht eine Organisation, dass die Performance eines Systems nicht die Summe seiner Einzelteile, sondern das Ergebnis seiner Interaktionen ist. Zielobjekt der Verbesserungen sind weder einzelne Teams noch Abteilungen, sondern *Teile des Wertstroms,* für die mehrere Organisationseinheiten (Teams, Abteilungen etc.) gebraucht werden, um einen tatsächlichen Wert für den Kunden zu schaffen. Im besten Fall liegt der Fokus auf dem *gesamten* Wertstrom. Denken Sie an das Beispiel Liebesbrief!

David Anderson, der Begründer von Kanban in der IT, würde Flight Level 3 wohl als »serviceorientiertes Kanban« bezeichnen. Die Idee dahinter ist, dass eine Organisationseinheit einen Service oder eine Dienstleistung für eine andere Organisationseinheit bereitstellt. So weit, so gut. Viele Unternehmen sind der Meinung, dass sie das ohnehin tun. Der Knackpunkt ist aber, dass diese Services koordiniert bereitgestellt werden. Also kein Wurf über den Zaun und danach die Sintflut! Optimiert werden nicht die einzelnen Organisationseinheiten, sondern ihre *Zusammenarbeit!*

Kanban bringt auf Flight Level 3 massive Performance-Steigerungen, hauptsächlich weil erstens die Größe der Input Queue signifikant reduziert wird und zweitens die Mitarbeiter an den richtigen Dingen arbeiten – denn der Input-Nachschub in das System läuft koordiniert ab. Da der Arbeitsfluss über den gesamten Wertstrom optimiert wird, verringern sich die Wartezeiten an den Schnittstellen und besonders wichtig: Engpässe werden deutlich sichtbar. Wer Organisationen auf diesem Flight Level erlebt hat, kann nur mehr lächeln, wenn jemand High-Performance-Teams als Erfolgsgeheimnis verkaufen will.

Flight Level 4 – Optimierung des Portfolios

Üblicherweise arbeiten Organisationen nicht nur an einem einzigen Projekt. Oft frage ich Senior Manager: »Womit schafft ihr Wert für den Kunden?« So einfach diese Frage klingt, so selten bekomme ich darauf eine klare Antwort. Probieren Sie es selbst einmal aus! Organisationen arbeiten meistens an einem Mix von Projekten, Produkten, Konfigurationen, Änderungen, Systemen etc. Die Folge davon sind vielfältige Wertströme in ein- und derselben Organisation. Hier setzt Flight Level 4 an: Viele verschiedene Wertströme werden mit Kanban gemanagt und optimiert. Eine Skizze dazu würde ungefähr aussehen wie in Abbildung 3.

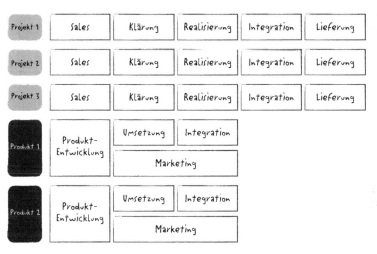

Abb. 3:   *Flight Level 4 – Optimierung verschiedener Wertströme*

In diesem Beispiel wird Kanban eingesetzt, um drei Projekte und zwei Produkte zu managen. Man kann sehen, dass die zugehörigen Wertströme auch verschieden sein können. Wenn wir uns die Aufgabentypen auf diesem Flight Level ansehen, handelt es sich in erster Linie um sehr große Funktionalitäten, wie zum Beispiel »Chinesische Version des Produkts XY« oder Ähnliches. Der große Nutzen von

Kanban auf Flight Level 4 ist, dass große Funktionalitäten miteinander konkurrieren. Die Organisation ist also gezwungen, sehr überlegte und bewusste Entscheidungen darüber zu treffen, was als Nächstes abgeschlossen werden soll. Bedarf und Möglichkeiten müssen genau gegeneinander abgewogen werden. Oder mit anderen Worten: Man kommt der Wahrheit näher, wenn man Aussagen wie »Wir müssen alles bis Oktober fertig bekommen« als Unsinn entlarvt. Zu lernen ist auf dieser Ebene, dass risikobehaftete Entscheidungen über die Reihenfolge von Aufgaben im Endeffekt mehr bringen, als an allem gleichzeitig zu arbeiten. Denn das bedeutet meistens: Gar nichts wird fertig.

Breiten- und Tiefenskalierung

»Skalierung« bedeutet in einem Kanban-Kontext: Man macht einfach mehr Kanban. Das kann grundsätzlich in zwei Richtungen geschehen: in die Tiefe und in die Breite. Die Skalierung von Kanban in die Tiefe und in die Breite ist auf allen vier Flight Levels möglich.

Tiefenskalierung

Als Tiefenskalierung verstehe ich, ein Kanban-System in seiner Implementierungstiefe auszuweiten und es besser zu machen. Man fängt zum Beispiel zunächst nur mit der Visualisierung an und nimmt sukzessive weitere Praktiken hinzu. Das kann etwa die Einführung von Risikomanagement, von Metriken oder von Forecasting sein, die noch detailliertere Informationen über den Arbeitsfluss liefern. Das, was ich mache, mache ich bei der Tiefenskalierung *intensiver*.

Breitenskalierung

Bei der Breitenskalierung werden hingegen vor- und nachgelagerte Bereiche des Wertstroms hinzugefügt. Man nimmt also mehr Wertgenerierung hinzu.

Nehmen wir an, die Entwicklungsabteilung eines Unternehmens arbeitet bereits mit Kanban. Nun reift irgendwann die Erkenntnis, dass Entwicklung und Integration eigentlich eng zusammenhängen und für den Kunden zum Beispiel zeitlich Vorteile erzielt werden können, wenn diese beiden Schritte besser koordiniert werden. Das Kanban-system wird mit der Erweiterung um den Schritt »integrieren« also in die Breite skaliert (siehe Abb. 4).

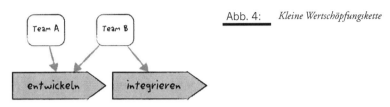

Abb. 4:   *Kleine Wertschöpfungskette*

Nach einiger Zeit kommt man nun zu dem Schluss, dass eine inten-sivere Koordination mit den Business-Analysten das Produkt für den Kunden noch viel besser machen könnte und die genauere Abstim-mung mit dem Rollout die Termintreue wesentlich steigern würde. Also wird Kanban noch einmal um die Schritte »analysieren« und »ausrollen« in die Breite skaliert, wie in Abbildung 5 gezeigt wird. Die-se Erweiterung ist auch deshalb eine gute Idee, weil es Personen oder Teams gibt, die an beiden Schritten beteiligt sind. Daher ist es so sinn-voll, sich in Kanban vom Begriff »Team« zu lösen. Es gibt vielleicht aus interner Sicht des Unternehmens Teams, relevant ist aber die Sicht des Kunden: Ihn interessiert das Ergebnis. Simples Beispiel Online-Buchhändler: Der Kunde will ein Buch. Wenn der Händler nun darüber nachdenkt, wie er das Buch zum Kunden bekommt, wird er nicht in Teams denken. Vielmehr orientiert er sich daran, welchen Weg das Buch von der Bestellung über das Lager bis hin zur Auslieferung nimmt. In einem zweiten Schritt überlegt sich der Händler, wie er sein Unternehmen so organisieren kann, damit dieser Wertschöpfungsfluss optimal verläuft.

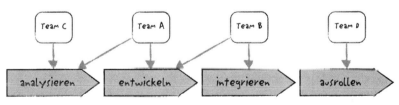

Abb. 5:   *Erste Skalierung*

Gäbe es nur diesen einen Wertstrom im Unternehmen, wären nun alle wertgenerierenden Schritte in einem Kanbansystem integriert. Gibt es mehrere Wertströme, kann die Skalierung natürlich weitergedacht werden und zum Beispiel wie in Abbildung 6 aussehen.

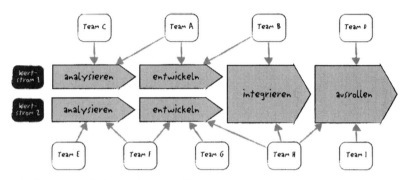

Abb. 6:   *Breitenskalierung über mehrere Wertströme*

Bei der Breitenskalierung weitet man Kanban also über den Wertstrom aus und findet Wege, wie man die involvierten Personen, Abteilungen oder Teams untereinander effektiv koordiniert. Es ist eine serviceorientierte Architektur, die dabei entstehen sollte, an deren erster Stelle immer die Frage steht: Wie erzeugen wir Wert beim Kunden? Erst an zweiter Stelle kommt die Frage: Wen brauchen wir dazu?

Natürlich muss nicht ausschließlich in die Tiefe oder in die Breite skaliert werden. Meistens passiert beides gleichzeitig oder sukzessive. Aus welcher Richtung eine Skalierung angestoßen wird, ist – wie wir auch im Fallbeispiel sehen werden – von Unternehmen zu Unternehmen verschieden. Man kann von unten nach oben beginnen, indem Kanban zunächst in Teams und Abteilungen implementiert und nach einiger Zeit eine übergeordnete Koordination mit einem wertstromübergreifenden Board etabliert wird. Es funktioniert aber auch umgekehrt: Zuerst wird der Wertstrom des Unternehmens auf ein Kanban-Board gebracht und erst später – wenn es die Beteiligten auch selbst wollen – »tröpfelt« Kanban in Abteilungen, Teams etc. Genau gesagt muss gar nicht jeder im Unternehmen Kanban machen. Möglicherweise ist für manche Beteiligte in der Wertschöpfungskette eine tatsächlich teamzentrierte Vorgehensweise wie Scrum der bessere Weg, andere behalten überhaupt ihre bisherige bewährte Arbeitsweise bei. Kanban macht dazu keine Vorschriften. Die Ausgangslage bestimmt den Weg, und vor allem bestimmen die Beteiligten durch ihre eigenen Erkenntnisse den Weg.

Ein Fallbeispiel

Ausgangssituation

»Wir wollen die Time-to-Market verbessern«, lautete das Ziel eines mittelständischen Unternehmens mit rund 100 Mitarbeitern, das hoch spezialisierte Steuerungssoftware für Produktionsroboter entwickelt. Die Mitarbeiter sind nicht nur Experten auf ihrem Gebiet, sondern auch von einem starken Innovationsgeist getrieben, der im stark explorativen Umfeld nötig ist. Diese innovative Kraft unterscheidet das Unternehmen deutlich von der Konkurrenz. Eigentlich könnte man es gemütlich angehen: Das Unternehmen ist Marktführer in seiner Nische. Aber mit zunehmendem Wachstum wird spürbar: Es dauert immer länger, innovative Ideen produktreif umzusetzen. Im Ideenspeicher liegen tausende hervorragende Einfälle und können nicht bearbeitet werden. Um weiter wirtschaftlich zu bleiben und bestehen zu können, muss sich etwas ändern.

Auf welchem Flight Level starten wir?

Als mich das Unternehmen um Unterstützung bittet, sind die rund 70 Entwicklungsmitarbeiter auf sieben Teams aufgeteilt. Außerdem sind noch vier Produkt- und vier Projektmanager für den wirtschaftlichen Erfolg verantwortlich, zwei Spezialisten kümmern sich ausschließlich um die Installation der Software beim Kunden. Die ursprüngliche Idee im Haus lautet: »In diesen sieben Entwicklungsteams wollen wir Kanban einführen, denn wir müssen schneller werden.« Eine Ansicht, der ich oft begegne, allerdings bewahrheitet sich immer wieder eines: Die Probleme, die in der Entwicklung auftreten, sind eigentlich nur der Rauch. Die Ursache – das Feuer – liegt meistens ganz woanders. An dieser Stelle hake ich daher nach: Geht es wirklich um die Performance der Entwicklungsteams? Nachdem ich die Kanban Flight Levels erklärt habe, ist den Verantwortlichen klar: Eigentlich muss umfassender gedacht werden – das Unternehmen muss die Wertgenerierung optimieren, die Probleme liegen in der Abstimmung. »Wir starten auf Flight Level 3«, lautet also der Beschluss.

Skalierung in die Breite

Die Veränderung beginnt sehr niederschwellig: Niemand im Unternehmen muss die Art und Weise ändern, wie er seine Arbeit erledigt. Wir verwenden nicht einmal das Wort »Kanban«. Alles, was wir tun: Wir machen den Weg sichtbar, den das Produkt durch das Unternehmen nimmt. Im ersten Schritt baue ich gemeinsam mit den Beteiligten ein Kanban-Company-Board, das den aktuellen Wertschöpfungsstrom abbildet. Wir identifizieren vier Prozessschritte, die das Produkt von der Anforderung bis zur Abnahme durch den Kunden durchläuft. Sobald das *Produktmanagement* den Auftrag erhält, beginnt die kundenspezifische *Entwicklung* des Produkts (siehe Abb. 7). Entwicklung und *Test* arbeiten eng zusammen: Die Produktionsumgebung des Kunden wird in Simulationen so weit wie möglich abgebildet, um die Software bereits während der Entwicklung in einen virtuellen Echtbetrieb zu schicken. Dadurch wird ein hoher Prozentsatz an Fehlern bereits vor der Auslieferung aufgespürt. Trotzdem ist die *Installation* beim Kunden die eigentliche Nagelprobe: Zwei Spezialisten kümmern sich ausschließlich darum und überwachen den Betrieb über einen gewissen Zeitraum. Sie melden Fehler, die erst durch den Betrieb in der realen Kundenumgebung erkannt werden können, an die Entwicklung zurück. Diese Rückmeldungen werden als Teil des Prozesses gesehen. Weil die Fehlerbehebung das absolute Spezialisten-Know-how der

Entwickler erfordert, ist es keine Option, für diese Rückmeldungen ein
Support-Team einzurichten.

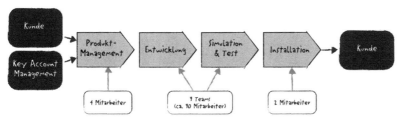

Abb. 7:   *Der Wertstrom des Unternehmens*

Wie koordinieren sich die insgesamt 80 an diesem Kanban-System
Beteiligten? Die tägliche Abstimmung findet im Company Daily
Stand-up Meeting statt. Dafür hat das Unternehmen folgende Lösung
gefunden: Jeden Tag treffen sich Delegierte aus allen Prozessschritten
vor dem Company Board: sieben Delegierte aus »Entwicklung« und
»Simulation & Test« und jeweils ein Delegierter aus den übrigen Prozessschritten. Die tägliche Koordination der Arbeit aus der übergeordneten Perspektive auf den gesamten Prozess findet also zwischen neun
Leuten statt. Hier wird besprochen, welche Aufgaben zu erledigen
sind, wie die Arbeit vorangeht, wo es Probleme gibt und welche Schritte als Nächstes anstehen.

Aber: Die Problem*lösung* findet nicht in diesem Meeting statt.
Nach dem Meeting kehren die Delegierten in ihre Einheiten zurück
und halten noch einmal mit ihren Teamkollegen ein Daily Stand-up
Meeting vor dem Company Board ab. Für die Lösung spezifischer
Probleme und den Austausch zwischen den Einheiten haben die Mitarbeiter selbst einen sehr einfachen Mechanismus – »Points of Collaboration« – geschaffen: Je nach Problemlage suchen sich die Mitarbeiter
»Gäste« aus den anderen Teams für das Daily Stand-up, die beim
Lösen eines Problems hilfreich sein können. Für die Mitarbeiter ist das
eine neue Erfahrung, denn vor Kanban liefen alle Koordinationsfäden
beim Produkt- und Projektmanagement zusammen, was die Kom-

munikation weder förderte, noch die Problemlösung beschleunigte. Nun erschließt sich das »Big Picture« für alle Beteiligten und ist mit all seinen Fortschritten und Problematiken greifbar. Das schafft ein neues Bewusstsein für Dringlichkeiten und es führt nicht mehr in Versuchung, um des lieben Friedens willen »Grün« an das Projektmanagement zu berichten, wenn eigentlich alles auf »Rot« steht. Dazu trägt auch das Kanbanprinzip »Fördere Leadership auf allen Ebenen« bei: Jeder ist einmal Delegierter im Company Daily Stand-up. Der Effekt: Jeder fühlt sich für die Werterbringung für den Kunden verantwortlich und beginnt Probleme aus der Perspektive der anderen zu verstehen.

Ein Hauptproblem wird sichtbar

Die Fehlermeldungen aus der Installationsphase bereiten der Entwicklung die größten Sorgen. Jede Meldung bedeutet, dass die Arbeit an anderen Dingen unterbrochen werden muss. Bisher wird das Ticket »Installation« einfach auf »Done« geschoben, sobald die Installationsspezialisten ihre Zelte beim Kunden abbauen. Tatsächlich melden die Kunden aber noch einige Tage später Fehler, wenn die Roboter alle möglichen Tätigkeiten einmal durchgeführt haben. Der wertgenerierende Prozess ist mit der Installation also nicht ganz beendet. Wie bekommen wir das in den Griff? Die Antwort ist einfach: Wir erweitern das Company Board um die Spalte »Validierung«. Zuvor messen wir eine Zeit lang, wie oft Meldungen aus dem Echtbetrieb zurückkommen und in welchen Zeitspannen das passiert. Es stellt sich heraus, dass die Wahrscheinlichkeit in den ersten drei Tagen nach der Installation am höchsten ist, nach dem fünften Tag flacht sie stark ab, wie Abbildung 8 zeigt. Die Messung ergibt, dass ca. 90 % aller Störungsmeldungen innerhalb von sechs Tagen nach der Installation der Software beim Kunden eintreffen. Anders formuliert, liegt die Wahrscheinlichkeit, dass nach sechs Tagen noch Störungsmeldungen für eine Installation eintreffen, nur bei 10 %. Mit diesem Wissen kann die Entwicklung die Ressourcen für die Fehlerbehebung gezielter bereitstellen. Als Policy führen wir ein: Bei einem Rollout wird das Ticket in der Spalte »Validierung« erst sechs Tage nach der Installation der Software beim Kunden auf »Done« gestellt. Sollte nach diesem Zeitraum noch eine Meldung kommen, wird es als normale Störung behandelt und ein neues Ticket kommt ins System.

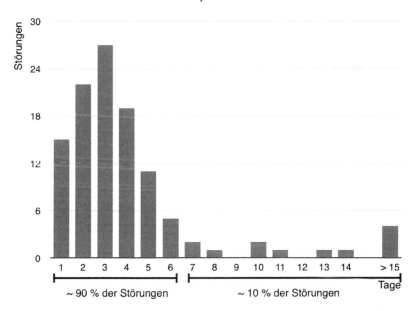

Abb. 8:   *Störungen nach Inbetriebnahme*

Die Teams ziehen nach

Eines zeigt sich in diesem Unternehmen deutlich: Skalierung von Kanban bedeutet, dass man auf jedem beliebigen Flight Level beginnen kann. Im speziellen Fall hat sich das Unternehmen dazu entschieden, zuerst auf Flight Level 3 in die Breite zu skalieren – das heißt, am besseren Zusammenspiel der Beteiligten entlang des Wertstroms zu arbeiten. Während Kanban also bereits auf Flight Level 3 implementiert war, arbeiteten die diversen Teams (Produkt- und Projektmanagement, Entwicklung, Installation) auf ihre bisherige Art und Weise weiter. Und das bedeutete: Sie arbeiteten auf Teamebene *nicht* mit Kanban. Ihre ersten Kanbanerfahrungen machen sie mit dem Company Board.

Dabei haben die Mitarbeiter aber ein Schlüsselerlebnis: Sie bemerken, dass sie plötzlich die richtigen Dinge zur richtigen Zeit machen. Auch früher haben sie die richtigen Dinge gemacht – aber immer dann, wenn jemand danach geschrien hat. Sie waren von außen Getriebene. Mit der neuen Systematik auf Flight Level 3 kommen einige Teams zu dem Schluss: Kanban ist auch für die teaminterne Koordination sinnvoll. »Wir wollen das auch«, heißt es in einem der Daily Stand-ups. Das erste Team baut im Alleingang ein Board, das seinen Arbeitsfluss (den teaminternen Wertstrom) abbildet. Die Delegierten holen sich die zu bearbeitenden Features vom Company Board, das Team splittet sie in einzelne User Stories auf und arbeitet sie entlang seines Prozesses ab. Irgendwann taucht zwangsläufig die Frage auf: »Wollt ihr alle Kanban machen?« Und genau das passiert: Ein Team nach dem anderen baut sich sein Kanbanboard. Eine Ausnahme ist das Innovationsteam, das für sich entscheidet, den Stau im Innovationsspeicher mit Scrum aufzulösen. Auch gut!

Heute arbeiten in diesem Unternehmen fünf Teams mit Kanban, ein Team mit Scrum und ein Team ist bei seiner konventionellen Arbeitsweise geblieben. Eines verbindet jedoch alle Teams: die teamübergreifende Koordination der Arbeit am Company-Kanban-Board. Evolutionäre Veränderung wie aus dem Bilderbuch: Kanban wurde nicht verordnet, sondern von den Mitarbeitern selbst »gepullt«.

Was hat die Skalierung gebracht?

In einem Kaizen-Assessment [2] fragen wir die Mitarbeiter nach einiger Zeit nach den Effekten der Kanbaneinführung. Die Antwort lautet durchwegs, dass durch die Koordination der Arbeit entlang des Wertstroms der Druck spürbar gesunken sei und das Arbeiten strukturierter und angenehmer geworden sei. »Feuerwehreinsätze« halten sich nun im Rahmen und alle überblicken das Ganze.

Das strukturierte Arbeiten hat wieder Raum für die Umsetzung von Innovationen geschaffen: Weil sich ein Team völlig damit beschäftigt, ist der Innovationsgrad der Produkte heute wesentlich höher und das sichert – wie es das Ziel war – den Vorsprung gegenüber der Konkurrenz. Mittlerweile wurde die Abstimmung via Company Board auch auf das Key-Account-Management ausgeweitet.

Mit der besseren Koordination über den Wertstrom des Unternehmens hinweg wurde das Ziel »bessere Time-to-Market« erreicht, weil die Durchlaufzeiten deutlich gesunken sind. Zusätzlich ist die Termintreue massiv gestiegen. Die simple Ergänzung des Company Boards um die Spalte »Validierung« macht nun vorhersehbar, in welchen Zeiträumen Fehlermeldungen nach der Installation vom Kunden kommen können. Das verbessert auch die Kommunikation mit dem Kunden: Diese Phase wird explizit erwähnt und die Projektmanager rechnen die potenziellen Rückläufe in die Entwicklung bei der Abstimmung der Termine ein. Anders als früher empfinden der Kunde, aber auch die Entwickler Ereignisse in dieser Phase nach der Installation nicht mehr als Fehler, weil sie darauf vorbereitet sind.

Was besonders deutlich wird: Nicht Kanban macht das Unternehmen erfolgreicher. Kanban hat nur die Arbeitsabläufe und ihr Zusammenwirken explizit gemacht. Die richtigen Schlüsse haben die Mitarbeiter selbst gezogen – sie haben ihr System verstanden. Sie wissen nun, wie sich ihre Arbeit auf den gesamten Wertstrom auswirkt. Mit dem neuen Verständnis für den Wertschöpfungsprozess haben sie sich an irgendeinem Punkt auch die Frage gestellt, was das Unternehmen »fit for purpose« macht: »Was wollen unsere Kunden eigentlich? Wollen sie eine rasche Installation im Echtbetrieb unter der Gefahr zahlreicher Fehler? Oder wollen sie einen Termin, an dem sie das Produkt zu 100 Prozent einsetzen können?«

Genau das ist das Ziel: Verstehen, wie der Kunde denkt. Darauf basierend sollte ein Unternehmen sein Kanbansystem bauen. Und deshalb – so Leid es mir tut – gibt es keine Kanbanschablone. Kanban ist nur ein Hilfsmittel fürs Denken und kein Rezept, das Wunder verspricht, wenn man sich sklavisch an Vorschriften hält. Ein Unternehmen hat Kanban nie »fertig implementiert«, weil auch die Welt nicht stehen bleibt. Es ist ein Mittel, mit dem wir kontinuierlich die Realität einfangen und verstehen können. Es hilft uns, die Schwachpunkte zu sehen. Schlüsse daraus ziehen, die Lage verbessern – das müssen wir selbst. Es ist wie mit dem Hasen in *Alice im Wunderland,* der sagt: »Hier muss man aber ganz schön schnell laufen, damit man an der Stelle bleibt.« Um den Status quo zu halten, müssen wir uns bewegen. Und wir müssen noch schneller laufen, damit sich etwas verbessert. Bleiben Sie also wachsam, wenn Ihnen jemand sagt: »Mit Kanban wird alles gut.«

Literatur

[1] *www.klausleopold.com/kanban-flight-levels*

[2] LEOPOLD, K.; KALTENECKER, S.: *Kanban in der IT. Eine Kultur der kontinuierlichen Verbesserung schaffen. 2. Aufl. München: Hanser, 2013.*

Zusammenfassung

Skalierung war immer der Grundgedanke von Kanban. Anders als viele meinen, hatte Kanban nämlich nie das Team im Fokus, sondern hat den Blick immer auf die Optimierung der Wertschöpfungskette eines Unternehmens gerichtet. Die Einführung von Kanban kann an mehreren Punkten einer Organisation ansetzen, die »Kanban Flight Levels« liefern dafür die Anhaltspunkte. Egal, auf welchem Flight Level in einer Organisation Kanban eingeführt wird, lautet die zentrale Frage bei der Gestaltung eines Kanbansystems immer: »Wie generieren wir Wert beim Kunden?«

Grundsätzlich können wir von Tiefen- und Breitenskalierung sprechen. Bei der Tiefenskalierung wird ein Kanbansystem in seiner Implementierungstiefe ausgeweitet und verbessert, indem zum Beispiel mehr Kanbanpraktiken berücksichtigt werden. Wird Kanban in die Breite skaliert, wird das Kanbansystem auf mehrere Schritte der Wertschöpfungskette ausgedehnt, sodass für die Wertgenerierung sinnvolle Services entstehen.

Wesentlich ist: Kanban liefert keine Schablonen für die ideal skalierte Organisation. Die ideale Struktur entsteht, wenn sich ein Unternehmen an der Wertgenerierung für den Kunden orientiert und sich evolutionär darauf ausrichtet.

Agiles IT-Management in großen Unternehmen
Prozesse, Methoden, Systeme, Kultur

Agiles IT-Management und agile Softwareentwicklung sind en vogue. Scrum, das populärste Rahmenwerk der agilen Produktentwicklung, verzeichnet ein steigendes Interesse, gerade bei großen SW-Häusern und in den IT-Abteilungen größerer Unternehmen.

Der Charme des agilen Vorgehens und von Scrum ist groß, aber auch tückisch. Denn deren leicht verständliche Grundprinzipien wirken sehr »simpel«. Doch die konkrete Umsetzung in komplexen Systemlandschaften und Organisationen ist alles andere als einfach.

Das Problem: Die Grundprinzipien beziehen sich in der Regel auf ein Team, das ein Produkt in einer relativ homogenen Systemumgebung so entwickelt, dass einzelne Produktinkremente tatsächlich innerhalb weniger Wochen in Produktion gehen und genutzt werden können.

Die Skalierbarkeit von agilen Vorgehensweisen auf Multi-Team- bzw. Multi-Produkt-Situationen in großen Unternehmen wird dabei kaum thematisiert.

Aspekte wie:
⇨ agiles Portfoliomanagement in großen Unternehmen
⇨ Programm Management in großen Unternehmen
⇨ agile Requirements
⇨ Skalierung und Koordination von Teams
⇨ teamübergreifende Continuous Integration bleiben offen und führen zum Scheitern der ersten agilen Gehversuche. Oder zu Implementierungen, welche viele der gewohnten Praktiken hinter einer formal agilen Fassade weiter leben lassen.

Was agiles IT-Management in großen Unternehmen wirklich bedeutet und wie man die Herausforderungen, die sich bei der der Einführung des agilen Vorgehens ergeben, erfolgreich bewältigt, schildern die Autoren in diesem Fachbuch.

Agiles IT-Management in großen Unternehmen
Hrsg.: Hans-Peter Korn,
Jean Pierre Berchez,
Hardcover, 302 Seiten, mit zahlreichen Abbildungen
ISBN 978-3-86329-442-7
Erste Auflage
Symposion Publishing,
Düsseldorf 2013
Preis: 59,– EUR (inkl. MwSt. und Versandkosten)

Bestellung per Fax: 0211/8669323

Leseproben unter:
www.symposion.de/

symposion

Excellence-Leitfaden
Praktische Umsetzung des EFQM Excellence Modells

Einige deutsche Unternehmen sind im internationalen Wettbewerb besonders gut aufgestellt – warum eigentlich? Einer der Gründe ist ihre herausragende Produktqualität, doch diese entsteht nicht von selbst.

Immer mehr Organisationen nutzen das EFQM Excellence Modell, um sich auch strukturell zu stärken. Die Anwendung dieses Gedankengutes ermöglicht die systematische Bewertung der Organisation im Lichte ihrer Strategie. Aus der Bewertung resultieren Erkenntnisse über Stärken und Verbesserungspotenziale, die einen wichtigen Impuls zur Organisationsentwicklung beitragen.

Dieser Leitfaden vermittelt die Methoden und Wege, wie Organisationen ihre Wettbewerbsfähigkeit mit dem Excellence Modell steigern können. Er stellt Methoden gegenüber und vermittelt dem Leser wichtige Erkenntnisse, um den Excellence-Ansatz in der eigenen Organisation nutzen zu können.

Dieses Buch zeigt, wie Sie bei der Einführung oder Weiterentwicklung des Excellence-Ansatzes konkret vorgehen. Er ist die handlungsorientierte Ergänzung des kürzlich erschienenen Excellence-Handbuchs. Beide Bücher zusammen vermitteln die Inhalte und die Anwendung in der Theorie und Praxis.

Excellence-Leitfaden
Praktische Umsetzung des EFQM Excellence Modells
Hrsg.: André Moll, Gabriele Kohler
Hardcover, inklusive digitale
Ausgabe, 226 Seiten
mit zahlreichen Abbildungen
ISBN 978-3-86329-627-8
Preis 44,– EUR
(inkl. MwSt. und Versandkosten)
Symposion Publishing, 2014

NEU: buch + digital

Kostenlos zu diesem Buch erhalten Sie die digitale Ausgabe für PC, MAC, iPad & andere Geräte. Mit Volltextsuche und integriertem Fachlexikon.

Bestellung per Fax: 02 11/8 66 93 23

Leseproben unter:
www.symposion.de

symposion